新商务系列之发现方法④

情境定价

新市场形势下的制胜定价方式

CONTEXTUAL PRICING

The Death of List Price and the New Market Reality

［美］
罗布·多克特斯
约翰·G.汉森
塞西莉亚·阮
迈克尔·巴尔齐莱 著

马跃 译

商务印书馆
The Commercial Press

2015年·北京

Copyright @ 2012 by Rob Docters, John Hanson, Cecilia Nguyen, and Michael Barzelay

All Rights reserved. No part of this publication may be reproduced or transmitted in any form or by any means, electronic or mechanical, including without limitation photocopying, recording, taping, or any database, information or retrieval system, without the prior written permission of the publisher.

This authorized Chinese translation edition is jointly published by McGraw-Hill Education (Asia) and The Commercial Press, Ltd. This edition is authorized for sale in the People's Republic of China only, excluding Hong Kong, Macao SAR and Taiwan.

Copyright© 2015 by McGraw-Hill Education (Asia), a division of McGraw-Hill Education (Singapore) Pte. Ltd. and The Commercial Press, Ltd.

图书在版编目(CIP)数据

情境定价：新市场形势下的制胜定价方式/（美）多克特斯等著；马跃译. —北京：商务印书馆，2015
（新商务系列之发现方法）
ISBN 978-7-100-11101-0

Ⅰ.①情… Ⅱ.①多… ②马… Ⅲ.①定价－研究 Ⅳ.①F714.1

中国版本图书馆 CIP 数据核字(2015)第 045811 号

所有权利保留。
未经许可,不得以任何方式使用。

情境定价
——新市场形势下的制胜定价方式

〔美〕罗布·多克特斯 约翰·G.汉森
塞西莉亚·阮 迈克尔·巴尔齐莱 著
马跃 译

商 务 印 书 馆 出 版
（北京王府井大街36号 邮政编码 100710）
商 务 印 书 馆 发 行
北 京 冠 中 印 刷 厂 印 刷
ISBN 978-7-100-11101-0

2015年5月第1版　　　开本 787×1092　1/16
2015年5月北京第1次印刷　　印张 15

定价：49.00元

新商务系列丛书

主　　编：汪丁丁
执行主编：姜奇平 方兴东
编　　委：胡 泳　吴伯凡　段永朝　梁春晓（排名不分先后）
策划统筹：范海燕
学术秘书：王 敏

新商务系列丛书总序

姜奇平

商务印书馆历来重视用人类创造的全部知识财富来丰富自己的头脑。其中一个重要取向，是不断用人类新的知识，更新国人旧的头脑。在上一个社会转型时期，通过对工业文明智慧渊源及思想果实的系统引进，为推动中国从农业社会向工业社会转型，提供了有力的智力支持；在下一个社会转型时期，必将通过对信息文明智慧渊源及思想果实的系统挖掘，为推动中国从工业社会向信息社会的转型再次提供智力支持。从这个意义上可以说，新商务，既是商务印书馆的历史，也是商务印书馆的未来。

我们推出这套"新商务"系列丛书的目的，就是继承商务印书馆的启蒙传统，抓住工业文明向信息文明转型的历史机遇，用下一代经济的先进理念，进行新商务启蒙，为迎接互联网带来的新商业文明浪潮，提供值得追随的智慧。

早在20世纪80年代，托夫勒就预言：人类将从单一品种大规模制造转向小批量多品种的生产方式。以计算机和互联网为代表的先进生产力，有力推动了这一发展方式的转变。这是继农业生产方式转变为工业生产方式之后，人类发展方式又一次深刻的历史转变。从此，人依靠机器生产转变为机器围绕人生产成为可能，个性化制造和规模化协同创新有机结合将成为重要的生产方式。

人类上一次生产方式转变引发的世界范围的经济、社会、文化变化，包括欧美梦幻般的崛起，人们有目共睹；而对这一次意义更为深远的生产方式的转变，包括中国将对人类做出何种贡献，人们没有理由熟视无睹。

"新商务"系列丛书建立在对"下一代经济"核心理念的发现力之上，通过追踪生产方式转变的历史渊源、现实进展以及未来走向，能够从中发现新的经典，发现新的规则，发现新的方法。为此，丛书开辟"发现经典"、"发现规则"、"发现方法"三个子系列。

"发现经典"系列，主要定位于从世界范围信息革命中发现驱动国家转型的力量。通过系统翻译和重新发现世界知名学者的新经济思想和经典著作，为人们探索下一代经济的元逻辑，提供思考线索。"发现规则"系列，主要定位于从中国信息革命的实践中发现具有普遍意义的游戏规则。通过汇集中国学者对新商务实践的总结，为提炼新商务规则提供进一步研究的基础。"发现方法"系列，定位于指导新商务实践。侧重对国内外新商务概念的归纳、对前沿商业模式及其本地化的阐释，以期推动理论与实践的良性循环与可持续发展。

与工业革命"新商务"思想成果的引进不同，除了具有共同特点外，"新商务"系列丛书具有一些特殊性：一是信息革命正在发生，有待成熟，经典、规则与方法都是相对的，在探索中难免失误，恳请读者以批判态度、宽容心态对待；二是中国与世界同步走上信息高速公路，相对以往，中国学者有了更多产生原创发现的机会和条件，我们将以开放心态力推新人，也希望读者与我们共同前行、共同提高。

春江水暖，先下水者当做先知；继往开来，新商务中敢为人先。让我们共勉。

本书获得的赞誉

本书明确地指出，你不需要拥有价格高昂的系统或大量的数据，你只需要运用本书提供的指导原则，确定定价事项的优先顺序，就可以使你的定价变得更好。

——Walters Kluwer（英国）公司首席执行官　凯瑟琳·沃尔夫

在当今世界，一个严酷的现实是，如果你不能真正了解客户的决策过程，那么你的收益就会受到重创。特别是当互联网的发展使定价变得透明，并令为数如此众多的产品货品化时，缓解收入压力的唯一途径就是了解市场情境，例如客户掌握信息的差别、竞争、成本以及报价条件等。本书可以使管理者获得这种深刻的认识。如果企业不能真正了解客户面对他们的报价时处于怎样的情境，就会产生令人不快、出乎意料的结果。

——Cision A. B. 集团总裁兼首席执行官　汉斯·吉斯克斯

尽管表面看来，本书专注于价格这一有局限的主题，但它还是一本关于商业总体战略和准则的综合性著作。虽然本书中的很多例子来自电子商务中的服务业，但其中传递的信息和教训也非常适用于钢铁业和建筑业。定价是获得利润的最为重要的因素，但本书的吸引力不仅源于此，还源自书中的幽默和作者对于甲壳虫乐队的热爱与了解——这意味着本书也像摇滚乐一样令人震撼！

——Berg EuroPipe 控股公司总裁兼首席执行官　汉斯·J. 萨克

要在像护肤品和个人保健品等竞争型消费品市场上捕获价值，你需要系统地学习销售时机和销售情境。本书用不可辩驳的例证、广博的原理和偶然闪现的幽默，勾勒出新的事实。这本书具有革命性的意义，它为你如何复制书中的成功经验、获得4%—30% 的收益指明了道路。

——Boots Healthcare（美洲）公司前首席执行官　罗伯特·乌贝恩

目录

致　谢　/ 001
导　言　/ 003

第一部分　从产品到情境之路 / 007

第一章　情境与价目表之死 / 009
情境 / 009
顾客的心理 / 011
没有价目表的生活更容易 / 013
情境定价方案 / 015
小结 / 018

第二章　价值的重要性为什么会在竞争中下降 / 021
了解你的竞争对手 / 022
决策情境 / 023
商品成本和近商品市场 / 027
小结 / 029

第三章　哪种情境对你更重要 / 031
采购决策对于定价结果的影响 / 032
镜子的另一边 / 038
公司对情境定价的接受程度 / 040
小结 / 041

第四章　生活在数字化的世界中 / 043
供给加需求等于情境 / 045
数字价格结构 / 047
捆绑和救助情境 / 049
小结 / 051

第五章　价格压力的解药 / 053
降低价格压力的三种策略行动 / 054
小结 / 060

第二部分　诗人和追逐利润最大化者的定价 / 063

第六章　价格结构 / 065
价格结构的基本原则 / 068
结构元素 / 071
小结 / 075

第七章　科学捆绑和分层 / 077
捆绑的构成有哪些？ / 078
捆绑的不匹配和错误 / 083
小结 / 090

第八章　降低或提高价格的危险方法 / 093
防止降价的情况 / 093
需求曲线 / 095
客户特征 / 097
经济低迷时期的定价策略 / 098
小结：萧条时期的廉价工具 / 102

第三部分　定价程序和营销组合 / 105

第九章　市场细分、情境和时间 / 107
情境和市场细分的区别 / 107
市场细分与情境如何相互补充 / 110
小结 / 115

第十章　命运的枢纽：定价策略 / 117
策略功课 / 119
风险作为决策中的一环 / 129
执行能力 / 133
为双寡头垄断和寡头垄断制定战略 / 134
小结 / 136

第十一章　更高回报：新产品推广定价策略 / 139
顾客采用新产品的三个阶段 / 140

　　　　　　广度与深度 / 143
　　　　　　行动呼吁和终生价值 / 145
　　　　　　引导销售 / 147
　　　　　　消极使用定价 / 147
　　　　　　如何分析不存在的产品 / 148
　　　　　　能力 / 150
　　　　　　"把'猪'赶下卡车" / 150
　　　　　　小结 / 151

第十二章　品牌、信息传递与竞争 / 153
　　　　　　品牌四维度 / 155
　　　　　　定价与品牌推广的整合 / 157
　　　　　　品牌的力量 / 158
　　　　　　小结 / 161

第四部分　管理工具 / 163

第十三章　首要步骤及失误 / 165
　　　　　　应对反对意见 / 165
　　　　　　初期选择 / 168
　　　　　　程序的细节 / 170
　　　　　　小结 / 177

第十四章　便宜且令人愉悦的定价工具 / 181
　　　　　　产品价格工具 / 183
　　　　　　产品价值工具 / 184
　　　　　　折扣计分卡 / 186
　　　　　　捆绑模型工具 / 187
　　　　　　需求曲线 / 188
　　　　　　专利项目 / 192
　　　　　　小结 / 193

第十五章　关键的情境数据并不在你们公司的数据库里 / 197
　　　　　　竞争的影响 / 198

对于所需信息的一个平衡的看法 / 200

建立一个系统化的视角来看待竞争 / 201

小结 / 202

第十六章　可行的系统架构 / 205

定价方案的要求 / 206

通过技术将情境纳入定价决策中 / 207

情境定价下的端到端系统架构 / 215

小结 / 217

第十七章　创意定价 / 219

定价的定义 / 221

创造力的重要性 / 222

作者简介 / 225

译后记 / 227

致 谢

当来自不同背景的四位作者合作撰写本书时,他们从多种渠道获取资料,并且他们的研究得到了许多思想领袖的支持。

罗布想感谢他在 Abbey Road 公司的伙伴们的贡献:丹·阿克斯(Dan Aks)提供了他在一家出版公司做首席运营官的经历,伯特·思凯弗斯(Bert Schefers)提供了在消费品公司做首席营销官的经历,克莉丝汀·杜尔曼(Christine Durman)对诸如产品的"深度与广度"等问题提供了首席执行官的视角与见解,马丁·吉斯克斯(Martijn Gieskes)运用技巧细致地研究了需求曲线和市场进化问题,古生物学家苏珊·贝德纳尔奇克(Susan Bednarczyk)带来了她对于公司议程的敏锐认识,特雷西·科曼(Tracy Korman)根据其领导在线医疗服务公司的经历带来了首席执行官的策略技巧。罗布还要感谢摩根士丹利公司的胡里奥·萨莫拉(Julio Zamora)对于金融业的见解,丽莎·蒂尔斯通(Lisa Tilstone)关于时尚营销的见解,劳尔·卡茨(Raul Katz)和马蒂·海曼(Marty Hyman)对于新产品推广定价的框架。最后,多谢南希·罗瑟洛(Nancy Lothrop)、鲍勃·多克特斯(Bob Docters)、安·多克特斯(Ann Docters)、马芬先生(Mr. Muffin)、史蒂文·利普顿(Steven Lipton)、帕特里克·蒂德(Patrick Thiede)、琳达·沙利文(Linda Sullivan)、菲比·普雷斯科特(Phebe Prescott)、雷·沃尔夫(Ray Wolfe)和兰迪·伯吉斯(Randy Burgess)提供的缜密建议和对于诸多章节的评论。

约翰与塞西莉亚要感谢汤姆·雅各布森(Tom Jacobson)所提供的他在与客户大量交往过程中积累的智慧和宝贵的见解。此外,他们还要感谢蒂亚戈·萨尔瓦多(Tiago Salvador)和贾斯汀·金(Justin Kim)在塑造情境定价整体框架的过程中所做的贡献。

迈克尔要感谢他在伦敦政治经济学院以及其他组织中的同事们所做的贡献。

最后,我们想感谢我们在麦格劳—希尔出版社的编辑尼基·帕帕多普洛斯(Niki Papadopoulos),谢谢他提出严谨、有力的观点,使得这本书成为所有关心定价和收入问题的读者们的一本重要工具书。

导 言

> 任何事情都应该尽可能做到简单,简单到不能再简单。
>
> ——艾伯特·爱因斯坦,1933年

我们都希望在我们的公司里建立更好的定价方法:适应市场的定价模式、一个最佳的标价、有力的支持性系统和基本的价格策略。我们希望定价与品牌、产品、渠道一致——这可以激发信心——并尽可能简单。

许多聪明人士都提出了简化的原则,以帮助解释定价结果。价值、成本、树立产品形象和顾客的价格参照系,都为如何定价提出了真知灼见。每一种构想都提供了一个清晰而简单的解释——但似乎在一些市场情况下并不适用。

关于定价,本书提供了一个统一的视角。通过考虑买家的心理、市场竞争和组织策略,它对于一个重要的问题提供了一个总体的观点。我们的方法相对而言比较简单:我们描述了客户的决策过程和市场条件如何为更好地定价提供了相关的情境。因此,这一统一化的视角被称为"情境定价"。

成功的关键在于对于情境的理解。这一概念已经为一些大公司所运用,并带来了良好的成效。例如,可口可乐公司(Coca-Cola)在定价情境中加入了销售点的温度这一要素。在仲夏海滩上,一杯冰可乐的价格要比暴风雪肆虐的北极定价高!能够根据购买场合的直接情境调整价格,是可口可乐公司将对于情境的深刻认识转化成货币的运作方法。

另一个例子:塑料包装商 Paktiv 公司发现,客户需求的时间期限决定了它们愿意支付的价格。Paktiv 和其他工业商品塑料厂商发现,它们能够在超级市场和其他客户对于塑料容器的订单"高峰期",获得比平时高得多的价格。在定价中考虑时间期限，是 Paktiv 在这一竞争残酷的商品行业中兴旺发达的原因。

对于情境定价的认识可以直接应用于你们公司的定价活动之中。运用一些简单的定价工具，你就可以获得1%—7%的价格浮动收益，而且，运用一套更好的定价流程和体系架构，业绩提高10%—12%，应该也是可能的。运用更好的价格策略和结构，你可以在广泛的行业中，实现30%或者更大的收益，如软件、消费品、娱乐、教育、交通、商业、保险，以及其他行业。

> 情境定价这一概念认为，一些因素——主要是与买方的参照系（对照点）相关的因素——可以解释大多数的定价行为，并为管理层提供改善价格结构和结果的最有力杠杆。

情境的核心在于成长。一些首屈一指的大公司如可口可乐、亚马逊（Amazon）、通用电气（GE）、IBM、谷歌（Google）、赫兹（Hertz）、宝洁（Proctor & Gamble）、标准普尔（Standard & Poor's）和美国电话电报公司（AT&T）等，已经开始利用情境来形成报价。其中一些公司采用这一视角，将关注点重新集中于当地的销售点，而不是国家的物价指数。许多公司把新的重点放在了解竞争对手的报价上。一些公司将管理的注意力从对产品价值的执着，转向了对客户看法的关注——它们询问，"客户对我们的产品和其替代品了解什么信息？"

当亚马逊提醒你"购买此书的人也买了……"的时候，注意它是如何改变你购买这本书的情境的？当航空公司往返票比单程票便宜得多的时候，注意它是如何改变你对在假期搭乘飞机度假的想法的？那么，当有线电视公司将电话服务加入到它们的捆绑服务之中时，情况如何呢——它们是否改变了你对于其所提供价值的看法？这就是情境定价在实际中的应用。

这些影响购买过程的方法是应对竞价压力的一剂良方。关注情境就是将价格与重要的购买场景相联系，使你避免陷入无法获胜的价格战，并在机会来临时获得更高的利润。购买场景的例子包括向长期的忠诚客户、持怀疑态度的潜在新客户销售产品，大宗报价，紧急订单，新产品的推出，等等。

很明显，时机也非常重要。例如，在购买一套重要的软件及服务时，人们关注的是价格水平；但是购买之后，对其附加与修改项目所给予的价格审查通常要少得多。同一部件在后续的售卖中（初次购买使用之后），可能得到更高的利润。

情境定价是应对竞价压力的一剂良方。

你会发现，本书另一个不寻常的方面，是认为定价可以凭直觉进行，并且定价将与营销组合的其他构成要素相互配合。定价与品牌推广应该齐头并进，产品开发应该吸收从价格研究中获得的深刻见解，并且定价必须反映销售渠道的现实情况。最重要的是：如果不积极地直接征求客户对于情境的见解，定价就会受到忽视，就会缺乏影响力。这里，我们强调"直接"：跟客户和消费者交谈，不要指望情境可以从那些陈词滥调的调查中得来。

对于一个行业领先的 B2B 信息提供商来说，情境最重要的一个方面就是购买者的决策过程。当由采购委员会（人员从各部门选派）制定购买决策时，其支付的价格要比由单个经理制定购买决策时低25%。销售人员都清楚这一情境；事实上，他们将其记录在客户关系管理（CRM）中，因此他们需要做的只是开发一种价格体系，来利用这种差异。这种做法，与情境定价的其他方面一起，将使实际收入增加30%以上。

在生活的其他方面，情境也决定了事物的评价方法。音乐需要根据不同时代的社会背景和个人经历进行评价。食物需要根据当代的口味特点和饮食偏好进行评价。更有甚者，根据对婚姻问题的调查，人们对于婚姻中美丽与合意配偶的界定，也会因社会情境的差异而不同。

采纳情境观点的管理团队认为它很直观，他们的公司一般也都得到了实质性的更好定价。虽然定价方面的图书并非休闲性读物，但我们希望与绝大多数有关定价的图书相比，本书能够更为有趣，[1]并令您更为受益。

注释

1. 我们承认，这是一条低标准。但是，这可能是您做出购买此书决定时的一个重要的情境因素。

第一部分　从产品到情境之路

第 一 章　　情境与价目表之死

> 没有故事，我就无法给你一个价格。
> 二手家具的价格代表的是一种观点。
> ——引自《代价》，亚瑟·米勒，1968年

谁杀死了价目表？主要嫌犯之一叫作"竞争"。然而它并不是单独作案，这是一次共同作案。价目表之所以死亡，是因为单一价格永远无法适合不同客户的比较重点、需求、预算、时机以及应用。这一论断是建立在经济学原理（Economics 101）基础之上的：对于同一种商品来说，在不同的时间和地点，其价值是不同的。[1] 参与价格制定的管理者必须坚持，价格应反映影响和决定客户选择的主要因素。这些因素的最好标签就是"情境"。

情境

价格和情境的关系，不仅是经济学的研究范畴，而且也与常识和市场经验相关

联。在下面三个市场案例分析中，对于情境"故事"的关注使得价格提升的幅度，超过了管理层可以使用的任何其他杠杆：

> 素有"营销发电站"之称的可口可乐公司，发现其罐装苏打水能够实现的最好零售价格并不是产品改进的成果，也不是因为广告或是价值策略。在最近的一次实验中，可口可乐在沃尔玛的两个购物通道进行销售：传统的饮料通道和运动服装通道。同样的产品，同样的商店，同样的事情，但是在其他饮料旁和在运动服装旁，情况截然不同。在运动服装旁，苏打水的售价要高得多，因为在这里可口可乐是展出的唯一苏打水。[2] **这是一种竞争不太激烈的情境。**

> 互联网（VoIP）电话提供商 Vonage 公司与 AT&T 公司旗下的 CallVantage 公司发现，与那些免费获得网络电话服务的用户（例如在医疗、学术或商业服务区的用户）相比，它们可以从那些同时订购高速访问通道的客户身上，收到双倍的电话套餐资费。**捆绑服务的情境。**

> 证券分析机构晨星（Morningstar）、标准普尔（Standard&Poor's）以及其他向证券经纪人和金融机构销售评估服务的组织发现，当其提供的数据直接与一个计算机化的投资组合管理项目相关联时，它们可以收取高达正常费率几倍的价格。这些机构所提供的信息是相同的。这种价格有时候是源于数据与一只股票相关联，例如价值一万美元的单只股票交易；也有时候，数据可能与包括多只股票在内的价值数百万美元的投资组合相关联。**富人的情境。**

是什么驱使这些价格提高？是因为上文提到的苏打水、电话服务和股票信息提高了内在**价值**，因此得到一个更好的**价格**吗？

没有——可乐、电话服务和股票报告都没有以任何方式发生改变。根据常识获得的观点，同时也是这本书的观点认为，是**与每一次报价相关的**其他事情——市场环境——发生了变化，而不是产品。产品和价格没有变化，只是**情境**变了。

对于专注于赢利能力的公司来说，关注情境的关键理由在于，与产品和竞争对手之间的差别相比，因购买情境差别而导致的可利用的价格差异，几乎总是要

大得多。举例来说：不同的大品牌汽油之间的价格差异为零，不同等级的汽油每加仑价格相差5—15美分，但是不同地理位置的汽油价格、一周中的不同日期以及繁忙街道附近的汽油每加仑价格相差达50美分—1美元以上。[3]譬如地点不同造成的汽油价差，主要是由于周边地区收入、所得税和距离炼油厂的距离等因素造成的。那么，哪一个应该得到管理层更多的关注——几分钱还是几元钱？产品还是情境？

与狭隘地关注产品相比，情境带来了更高定价的契机。

顾客的心理

情境对于顾客心理很重要，因为它可以让你了解在购买过程中，买家是如何评估价格的。情境——竞争、决策过程、时机、可用性等等——将解释最终的结果。情境使卖家可以专注于正确市场策略的研究，从而设计最优价格体系和制定最优售价。

虽然将注意力更多地放在购买情境和顾客心理方面而不是自己特定的产品上，这看起来似乎很奇怪，但是情境却是实现可靠定价的根源所在。产品价值只是价格驱动力之一。为了最好的定价，你应该像注重你的产品报价一样注重情境。当你考虑图1–1中"价值"相对于"情境"的实质时，你可能就会得出结论，认为你目前的定价决策过分注重于产品的价值，而忽视了情境对价格的影响。

这里要传达的信息是，坚持认为你们公司的产品具有最重要的价值是**错误**的。价值这一概念与多样化的市场和不断变化的世界是不兼容的。这是新的现实。

认为管理层应该关注更广泛情境的观点，与顶尖足球队制定的策略颇为相似。一个长期排名第一的德国球队主教练强调，获胜来自"擅长**不带球**运动"。[4]这种观点，在定价和世界上最流行的体育运动中是类似的。如果你只关注产品（球），你就输了。

```
┌─────────────────────────────────┐  ┌─────────────────────────────────┐
│            "价值"               │  │            "情境"               │
│ ● 产品或服务所固有的东西        │  │ ● 认为"情人眼里出西施"          │
│ ● 首要注重的是产品              │  │ ● 首要注重的是顾客              │
│ ● 适用于独特的商品,例如 iPod    │  │ ● 适用于根据市场机会和偏好调整  │
│ ● 也许永远不会应用于竞争性产品上│  │   价格的情况                    │
│ ● 与"价目表"的观念相关          │  │ ● 针对特定买家;随着时间的推移, │
│ ● 需要针对不同的细分市场与情况  │  │   可以根据情况的变化而变化      │
│   进行调整                      │  │ ● 包括了细分市场和购买时机      │
└─────────────────────────────────┘  └─────────────────────────────────┘

     注重产品价值和内部发展                  注重市场和买家的看法
```

图 1-1　注重产品价值与注重情境的对比

诚然,你的大多数竞争对手都专注于产品,但是客户却在更广阔的空间里起作用。他们的购买行为是受预算、间接的可替代产品、便利、知识、不同的动机和生活中各种各样的事情影响的。把对情境的理解纳入经营理念的卖家,相对于那些只关注产品的卖家来说,将会做得更好。同样,在足球运动中,球会得到充分的关注,但控制了**整个球场**的队伍将战胜他们的对手。

在下一章的描述中,这个概念需要你的管理团队认识到,并且逐渐适应,要根据市场的一些细微之处做出决定。这样做将意味着,你要学习依靠有限的试销市场数据、精心设计的客户调查或者是竞争情报。这就解释了为什么通用电气医疗集团(GE Patient Care's)在最近的价格行动中,第一项行动就是雇用一家竞争情报的供应商,以更好地了解其产品的竞争环境。对于一些目的来说,例如品牌策划或产品开发,这一举动将不会被认为是激进的;但可悲的是,对定价这一目的来说,这是不寻常的。[5]

情境对于顾客心理很重要,因为它代表了买家评估价格的方式。理解情境——竞争、决策过程、时机、可用性等等——解释了为什么会做出购买的决定。理解情境使卖家可以专注于设计最优价格体系和制定最优售价。

没有价目表的生活更容易

有些东西曾经是我们认为生活中不可缺少的,但现在我们早已对失去它们习以为常:纸币、光盘、传真机、固定电话、文件柜、内部数据存储、美国邮政等等。我们相信,对公司的经理们来说,价目表的概念也是这样一个正在逐渐逝去的非必需品。

考虑一下维持价目表所涉及的各种扭曲。首先,大家都知道,总的来说价目表是一个谎言。有关于此的笑话比比皆是:只有傻瓜才会支付价目表的价格。但在假装存在一个价目表的时候,即便有机会我们也无法收取高于价目表的溢价,[6]我们还会吓退那些认为价格太高的客户,并且造成价目表维护者和面对市场现实者(产品经理和销售代表)之间的一场无休止的(并且是破坏性的)战争。

为什么企业会从事像制定价目表这种毫无意义的工作呢?也许价目表是从当年他们的公司拥有独特的产品能够轻松获利并且推行单一的价格目标时遗留下来的习惯?[7]更重要的是,假装拥有一个有意义的价目表会使这段美好的时光得以保持吗?大概没有。在许多情况下,价目表是一种人为制造的假象,其寿命因为企业的广泛使用和没有人质疑它存在的必要而得到延长。信念很难消失。[8]

我们为什么提出定价的抽象概念呢?在一个由彼此独立的有形产品所构成的较为简单、竞争性较弱的世界里,一个单一的价目表是有用的。例如,当福特T型车(Model T Ford)是消费者的首选汽车时,它只有一个价格,而每个人都支付这一价格。最近,iPod或iPhone是独特的产品,因此所有人都支付标准的价格。然而今天,垄断的寿命正在日趋缩短。T型车主导市场18年,苹果在两年的时间内市场份额就开始下降,而亚马逊电子阅读器对于市场的独占消失得更快——随之而去的还有其对市场施加的条件,比如适合所有用户的单一价格。因此,如果你碰巧拥有某种垄断,你或许能在一定的时间内成功维持可行的价目表。

对于竞争性的公司来说,替代价目表的是情境导向的定价,这在一些行业中已经是标准的做法——不足为奇的是,在这些行业中,定价处于非常重要的地位。这些市场已经开发了情境定价的工具,其设定的价格水平要比价目表价格更为有效。例如,依靠情境定价的行业包括:

> 商业银行，其定价根据交易情境围绕基准利率（例如伦敦银行同业拆借利率）上下浮动；
> 生命和财产保险公司，以历史损失和精算为基础定价；
> 航空公司和酒店，采用需求管理（例如，可能的座位利用率的预测程序）；
> 零售商，利用存货周转率调整定价。

对上述大多数的例子来说，都没有价目表：价格可以从几近于零变化到无穷大。

然而，这些成功的行业是少数。在某些情况下，企业转向情境定价是因为情境已经被公布可以便捷地使用（公共交易所）或因为参与者别无选择——要么采用情境定价要么退出经营。与之相对照的是，大部分公司的定价是静态的，是固定于价目表之上的。它是管理者不愿意修改的对于价值的残留标记，无论竞争、客户行为、客户财富、销售点的情况、地理条件等发生了怎样的变化。

听起来不可能或无法消除价目表吗？实际上，对于大部分的服务经济来说，**价目表已经一去不复返了**。成功的大型公司只会对其某些产品报价的价目表实施优化，比如重要的新产品和旗舰产品。大多数产品的价格都是多年前确定的，然后就被置之不理，只是进行年度的（并且往往是非常机械的）调整。通常，由于生活费用和投入成本变化带来的广泛因素，就是价目表得到的所有关注。有时，当各组报价被合并成批，个别产品的价格是不知道的，这时价目表就会成为完全抽象的概念。例如，一个大型安全软件开发商不再确定个别组件的价目表价格，因为几乎所有交易都是捆绑进行的，如整套安全软件。

但对情境的关注正在增加。宝洁公司的董事长是一位获得过勋章的退伍军人。他正是利用价格在全球赢得了市场份额。他曾经说过："你在战场上拥有多少士兵并不重要……如果发起进攻之时你拥有更多的兵力，你就有可能获胜。"一言以蔽之，情境定价就是：针对特定的买家或细分市场确定合适的价格，而不管世界市场上那些短暂的价目表价格是多少。为了获胜，宝洁公司正是在发起进攻时采用了情境定价的策略，例如越来越多地采用优惠券和产品促销的形式将新产品与老产品相联系，以"引导"新产品的销售。利用与现有产品的相似性来定位新的产品，而不是一种冰冷的介绍。这是一种"引导销售"形式，也是一种非常重要的情境。[9]

情境定价方案

公司没有价目表怎样运作？直接的答案是，企业应制定一套情境定价基准（或者具有同样功能的定价工具），以便利用各种情境。这并不意味着要有更多的售价。当公司拥有一套相对较小的**相关且有序**的情境价格基准时，它们的业绩会更好。要制定更好的价格，而不是更多的价格。

把它置于你的公司情境中，在下图1-2的两部分中，哪一部分是你看起来更熟悉的？选项一还是选项二？

选项一中的"1,000种以上的临时价格"看起来像是很夸张？对大多数大型公司来说，这个数字可能被低估了。在线信息提供商LexisNexis有2,300个核心信息文件，以五大价格区间、三种媒体形式、五十种捆绑模式以及十几种促销计划销售。该公司拥有近5,000万"价目表价格"，但是因为其销售团队可以随意打折，所以这家市值10亿美元的公司在实际操作中很少会将其价目表列出的价格提供给客户。对于网络设备制造商西门子北电网络公司（Nortel Siemens Networks）来说，一项研究表明，其从事定价工作的全日制员工是400名高薪的专业人士。至于这400名全日制员工实际开发了多少售价，没有人知道具体数字，但的确很多！

通过从市场情境开始并且跳过单一价目表的部分这种方式，不仅收入会提高，

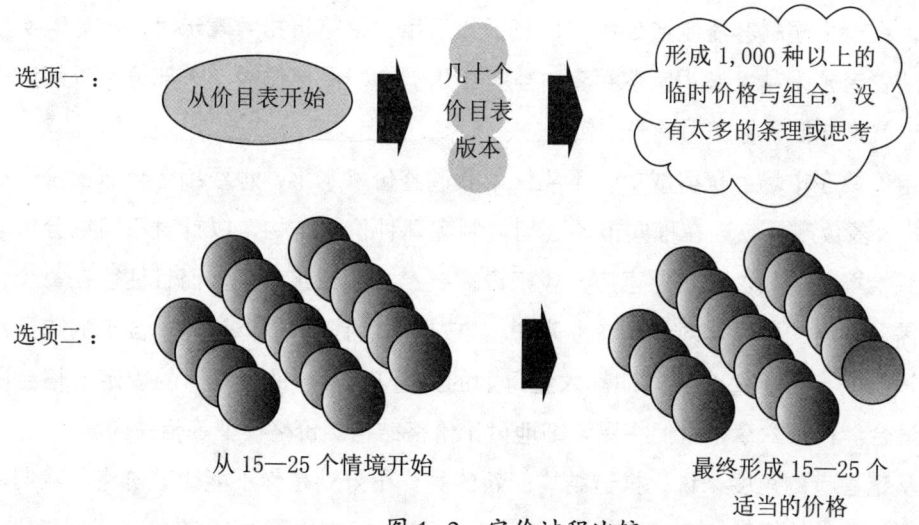

选项一： 从价目表开始 → 几十个价目表版本 → 形成1,000种以上的临时价格与组合，没有太多的条理或思考

选项二： 从15—25个情境开始 → 最终形成15—25个适当的价格

图1-2　定价过程比较

工作会变得更容易，纪律也更容易得到维护。

考虑一下传统的"从价目表开始"的做法。价目表价格一经确定，就会出现几十种不同的次级价格，某种高级情境（例如销售渠道或客户的规模）决定了这些次级价格的存在是绝对必要的。然后就每一种次级价格，又会出现1,000种例外和变更。这样的结果很糟糕，因为价目表的1,000种变化形式是沉重的负担，尤其是当它们是错误的价格时。这些错误的价格是由受到责难和缺乏培训、资源或时间的销售代表与管理人员制定的，它们不能够为公司带来最大化的长期利润。[10]

一种确凿的最佳方法是理解必需的20—25个市场情境，然后将这些情境转化为你可以坚持的价格。经验表明，与一个毫无用处的价目表和1,000种临时价格相比，制定20个管理层可以强化并且销售中可以信赖的市场衍生价格，要容易得多。

情境既需要价格水平，也需要明晰的结构

说也奇怪，当20—25个基准价格的思路被提出的时候，一个共同的反对意见是，这样太多也太复杂，并且如果客户发现市场上存在不同的价格时将强烈反对。然而，令人不解的是，20个左右的价格将是对通常需要使用的大量价格在数量上的巨大缩减。我们怀疑，这种恐惧中暗含的想法是，基准价格（如果你愿意的话，也可以称它们为价目表价格）的增加，将导致实际发生的最终价格增加20倍。

如果采用正确的做法，就不会发生这样的事情。我们发现，管理者通常担心利润侵蚀和价格下降，这是因为他们忽略了调整价格结构，使之与价格水平相适应。例如，在一个塑料容器制造公司里，当折扣采用"每箱折扣"表示时，产品购买量小的消费者越来越嫉妒大宗购买者；当折扣用"车"做单位时，大部分投诉都消失了。这就是降低价格压力的一个例子。

定价要在市场上获得成功，不能仅依靠调整价格水平，也要确定合适的价格结构。[11]大多数产品应该在推向市场之初就制定几种价格结构，以针对不同细分市场或购买情境。例如，小企业客户一般来说需要产品的数量较小，而且往往在每个合同期需要不同的数量。对这些企业来说，"按杯算酒钱"（以体积为单位）的购买可能是适当的。对于每个合同期都大量订购的大客户，"自助餐式"的固定价格合同可能适合。在第六章，我们将更详细地讨论价格结构、价格模型等相关内容。

从销售者的角度来说，推进结构创新的另一个好处是你不能比较价格。我们举一个零售业中的例子：食品零售企业Trader Joe's每支香蕉卖19美分，而一些超市每磅香蕉卖69美分。哪一家便宜？是否有人能够计算得出？[12]这将取决于情境，例如这些水果在你预算中的重要程度、你的购买量、将它们添加到购物车的便捷性以及你的数学转换能力等。

在开始之初就制定一种以上价格结构的想法，就像从一开始就有不同的价格水平同样重要。这是因为买家对价格结构往往比对价格水平更为敏感。也许让人感到惊讶的是，买家们很多时候会忽略实际价格而根据情境线索做出购买决定。例如，针对大学内书店和在线书店的实验表明，二手书的售价可能比就放在它旁边的新书价格还要高。有时候二手车出租的价格要超过新车的价格。特别值得注意的是，即使在高效率的商品市场，同样的商品在交易高峰期也将以不同的价格出售。这些例子都表明了，情境的力量要超过商品价值。[13]

每一种价格情境都应该有自己的价格结构，因为价格结构往往会帮助影响情境，从而实现价值获取（价格水平）。因此，最好的做法就是使情境定价成为"三位一体"定价中的一部分。"三位一体"是从这种现象中推导出的：情境驱动结构，结构驱动价格水平，而价格水平驱动情境，如此永无止境。只注重产品价值将使得上述描述中的很大一部分缺失——从而造成最终价格的重要驱动力缺失。

从三方面思考：情境、结构和价格水平。

一般来说，在产品管理过程中，设计价格结构（以及情境定价的基准价格）最好自下而上进行。销售人员和下级管理层不应该创建新的价格结构——他们没有时间、系统支持或是专业知识。系统使得设计情境定价结构变得容易。客户关系管理系统能够允许多方引用关键的情境定价作为参照。它们还有助于灌输一种新的纪律——不再容忍不必要的、随机的或是破坏性的价格变化。

更好的价格结构可以赢得更大的市场占有率，因为它带给顾客他们想要的定价。结构是情境定价最为重要的要素之一——如果你不知道结构的"内情"，你就不知道销售价格。竞争对手的价格创新，曾经造成过最重大的市场份额转移。例如，私募股权企业圣智学习出版公司（Cengage Learning）向学生提供选择，可以租赁书籍而不必购买——这一举动吓坏了竞争对手们，并且按照一些主要书商的说法，"这可能会成为标准化的做法"。无独有偶，债券交易公司坎托—菲茨杰拉德

（Cantor Fitzgerald）针对市政债券的定价开发了一项创新性技术方法；结果，尽管是一家小公司，但其拥有的专利成就了它在一些交易应用中的市场支配力。

在你理解了情境之后，接下来要采取的第一步就是处理你掌控下的情境，比如价格结构。

小结

具有讽刺意味的是，设立单一的价目表反而将使结果复杂化。价目表意味着设置一个站不住脚的价格，然后拼命地维系它，与客户斗争，也始终与销售代表（他们通常是直接面对市场现实的人）斗争。为什么不接受市场的判断呢？与市场力量斗争代价是很昂贵的。

认为产品或服务有着与生俱来、相对恒定的价值这种观念具有一定的吸引力——企业大费周章地为其商品注入价值。但是，市场价值恒定有任何重要的例证吗？"价值"是旧的观念，它由亚当·斯密提出并且由许多倡导者发扬。然而，从一开始，"价值"是难以捉摸的和无限可变的这种现象就一直困扰着经济学家们。根据本书认定的参照架构或者情境，所有商品都有价值或者没有价值。

这就是为什么说情境是更好的定价依据的原因了。相信价值也就意味着，只要少许的定价活动，你就可以捕捉永恒存在的价值。如果有人告诉你，通过价格获得的更高收入，是在你的控制下产品改进和其他因素导致的直接与必然结果，可能令你感到很欣慰，但这不是真的。[14] 价值在竞争性市场中并不能很好地起作用。更好的结果来自于充分利用你身处的市场情境。

管理层的最佳做法，是承认定价必须与关键的情境因素相符合，包括一些不在你控制范围内的情境因素。不幸的是，许多管理者觉得，忽略超出自己控制范围的因素要比适应它们花费的努力少。

阅读本章后，你也许会确定你们公司需要重新调整定价。在产品、渠道、推广和情境等价格杠杆之中，情境可能更值得给予高度关注。

注释

1. 这一假定具有悠久的历史，至少可以追溯到亨利·乔治（Henry George）的《政治经济科学》(*The Science of Political Economy,* Doubleday & McLure, 1898)，近期的著作可参见路易斯·菲利普斯（Louis Philips）的《价格歧视的经济学分析》(*The Economics of Price Discrimination,* Cambridge, 1983, P.6)。
2. 这个试验之所以有意义，是因为全世界都知道一瓶可口可乐与另一瓶是完全相同的，因此本案例中真正有差别的地方一定在于购买情境。*Brandweek*，June 17, 2008。
3. 源自 "The Gasoline Game," *The Wall street Journal,* June 5, 2007, p.D1。对于研究过的大多数竞争性商品而言，相似的情境差异都会导致价格差异。
4. 源自 "A Fun, Creative Germany—Really," M. Kaminski, *The Wall Street Journal*, July 7, 2010, p. D5。相似的比赛策略也适用于篮球和其他团队运动项目。
5. 是的，有时候这些调查中会加入定价的问题。但是不幸的是，调查的问题往往是错误的或者引致答卷人的博弈。关于定价和市场调查的更多内容，请参见第五章。
6. 有趣的是，我们发现在一些非产品行业，大约有2%—4%的客户曾经以高于价目表的价格进行购买。我们认为，这对于最佳定价来说实在是太罕见了。大多数的情况是，价目表起到封顶的作用：要么是因为超过它的价格将激怒顾客，要么是因为企业资源计划（ERP, enterprise resource planning）系统不能容纳这种非标准定价。
7. 令人吃惊的是，一些管理者是价目表的坚定支持者。一个可能的原因是科学家们发现人类仍在很大程度上受到与过去成功经历相关的事件的影响（"联想的魔法"）。一个例子就是埃里克·克莱普顿（Eric Clapton）的吉他在拍卖中的售价几近100万美元；甚至那把吉他的精确复制品价格也达2万美元。买家说这些浸透着克莱普顿灵气的吉他可以让他们发挥得更好（"某种音乐魔力"）。源自 "Urge to Own that Clapton Guitar is Contagious, Scientists Find," *The New York Times*, March 9, 2011。
8. 并且在大型官僚机构内部，寻求肯定的意愿可能导致所有被人们广泛接受的做法不经推敲就得到通过，无论其是多么荒谬。喜剧演员米奇·海德伯格（Mitch Hedberg）曾经说过："我的人造植物死了，因为我没有假装给它浇水。"
9. 将竞争的观点看作是具有地方性的事情，参见 "P&G Chief Wages Offensive Against Rivals, Risks Profits," *The Wall Street Journal*, August 19, 2010, p. A14；及 "P&G Focuses Push on New Products," *The Wall Street Journal*, October 21, 2010。想要了解更多关于"引导销售"的情境，请见本书第十章。

10. 美国航空公司（American Airlines）著名的前首席执行官鲍勃·克兰多尔（Bob Crandall）曾经评论道："如果一架班机起飞时搭乘了500位乘客，而你告诉我他们支付了300种不同的价格，那么我要说我缺少了200种价格。"但是，请注意，这些并不是临时价格：一位乘客支付的价格是价值数亿美元的系统与价格开发慎重得出的结果。源自罗伯特·克鲁斯（Robert Cross）, *Revenue Management: Hard-Core Tactics for Market Domination*. New York: Broadway Books, 1997。

11. 什么是价格结构？价格结构是指除了价格标签（水平）之外，构成交易的条件。例如，价格结构回答了付款人是谁、价格单位是什么、价格要素之间的关系等问题。要了解更全面的定义，请参见第六章。了解关于定价的全新定义，请参见第十七章。

12. 除了对价格敏感的消费者以外，还将做这些数学题的是本书的作者。每支香蕉的超市价格大约22美分。这就是说，如果香蕉的品质相同，那么Trader Joe's的价格更合算。为什么Trader Joe's这样做呢？见第二部分。

13. 很明显，在并排式销售中，校园书店里绿色的"二手"图书标签打败了真正的价格标签，至少对学生来说是这样。还可以参考："Why Do Some Used Cars Cost More than New Ones?," *The Wall Street Journal,* January 21, 2011, p. B1; "Odd Crop Pries Defy Economics," *The New York Times,* March 28, 2008, p.C1。总是存在"奇怪的"价格，问题是如何利用它们。

14. 这种看法很有吸引力，就如同中世纪关于炼金术的想法一样：经过正确的化学过程，贱金属可以被转化成金子。炼金的想法一直被追求了几千年，直到持续的失败最终导致其在启蒙运动中被彻底否定。今天，一些人说相信价值定价可以将你的当前收入转变为更高的收入。了不起的推销辞令！顺便说一句，今天炼金师们的名字叫作"咨询师"。

第 二 章 价值的重要性为什么会在竞争中下降

> 定价权是判断一家公司优劣的黄金标尺。如果你有本事提价还不丢失客户，你拥有的就是好公司。
>
> ——沃伦·巴菲特
>
> 伯克希尔·哈撒韦公司行政总裁，2010年

如果你有机会知道竞争对手在想些什么，那么你时常会发现他们所关心的问题与你的管理团队提出的问题如出一辙。跟你一样，你的竞争对手也肩负着收入、市场份额和赢利能力等目标——也许数字不同，但往往方向一致。你们的互动不仅仅因差异而塑造，同时也源于某些相同之处。

通常来讲，相似性要多于差异性。彼此间获利目标基本相同，市场份额与利润间的平衡也并无迥异，伦理标准也颇为统一……唯一例外的是，如果有一个新的市场进入者，无论有或没有新技术，你们可能会在短期内调整各自的利润目标。或者如果有一个不幸的竞争者破产或濒临破产，也会造成同样的结果。

总体而言，这种相似性对于竞争者来说是有益的。它往往导致"文明的"竞争。它不像哈利·波特与"那个不能提他名字的人"的对抗：没有一方一定要死。这并不意味着随着时间的推移，没有一个赢家独占鳌头，只是定价很少会沦落为一场价格战。[1]

了解你的竞争对手

尽管对你们公司来说，你们和竞争对手都无意彻底摧毁对方是件幸事，但这种竞争僵持状态可并不能保证万无一失，尤其是在多重不利因素共同作用的情况下。通过下面两个服务商间竞争的事例就可见一斑。

由于预算不足，设施不完备，以及管理层的倾向性，市场份额占有量较少的公司不向其负责"小客户"的区域经理提出赢利能力的衡量标准。从赢利能力衡量中解脱出来的一个区域经理（在中西部）用更低的价格发起了一场争夺市场份额的行动。此举给另一家市场份额较大的公司带来了直接的经济损失。这家大公司拥有良好的问题反应系统和很强的利润导向性，同时也有一个小客户的全国性管理体系。作为反击，这家大公司对美国西海岸客户宣布降价。让它吃惊的是，这么做并没有向规模较小的竞争对手发出一个信号：在中西部地区的攻击继续着。直到后来它才明白，只有在同一区域做出反击才能引起发起攻击的经理的注意，报复行为和潜在的价格战才告终止。

采取任何与价格有关的行动必须要考虑到竞争对手的决策过程。管理者必须要了解对手是如何定价的。

你必须要了解对手的成本结构、时间安排、汇报组织架构和公司目标，以便接纳或者利用。误解对手的决策过程将会带来严重的后果，我们通过下一个记载详细的事例来看一看。故事发生在纽约。交换数据提供商 Teleport 公司能够在 5 英里的范围内以低于当前电话公司的资费价格提供服务，因此获得了融资。在 Teleport 公司的网络建成之后，之前的电话业务提供商 Telco 公司相应降低了这一区域内的服务价格，但是却提高了通话范围 5 英里之外的资费，以便弥补利润损失。这种做法直接导致 Teleport 公司改变了它的商业计划，争夺下一个 5 英里半径的市场份额，以便使新资费价格带来更大的商业利益。最后，Telco 公司也不得不在主要城市降低了所有资费价格，只可惜这一举措为时太晚：思考简单和动作迟缓的后果是让对手可以在市场中立足。这家昔日的电话业务提供商正是因为忽略了地理因素和决策

过程这两个情境，才使防御措施姗姗来迟，如今已被威瑞森公司（Verizon）收购。

我们并不鼓励与对手大动干戈地反击，而是主张应该选择用聪明的方法做出回应。举例来说，两家总部设在芝加哥的大型航空公司受到了一家公司的价格攻击，该公司刚刚处于起步阶段，总部设在亚利桑那州首府凤凰城。作为回应，其中一家受到攻击的公司将所有航线价格都调至凤凰城公司的价格以下，而另一家仅仅选择了将在凤凰城公司班机前后25分钟内起飞的班机价格下调。无疑第二家公司的定价策略更为明智，因为可以减少防御所需的成本。对于一些产业来说，时间安排是关键的情境，因此定价时无疑要将时间安排作为核心问题。

决策情境

情境定价表明，在一个地区只有当某种产品没有或者几乎没有竞争出现时，才能把握该产品的绝对价值并将其用于定价。这是因为在竞争性市场上，我们所能获得的产品绝对价值只有一点点，或者说基本为零。这一原理已经广为人知。一般来讲，如果一个公司可以在高于可归属成本的任何价格获利，那么其经营状况良好。鉴于所有公司都在改善产品性价比的方面进行较量，因而每家公司都有动机降低产品价格——有时甚至使边际利润趋于零。因此，除非你能够垄断一种产品或者市场，否则对于大部分的市场来说，价值定价法或许并不奏效。

上述推理令人沮丧，但同时也具有局限性。更为公允的观点是，竞争确实会让产品价格产生下降的压力，但也基本不会出现价格骤降的现象。价格不会一落到底的原因在于情境。因此，我们最好建立一个情境模型，以解答价格管理中遇到的实际问题。

情境捕捉到了形成价格的各方面力量，它们是：

➢ 相对价值，一方能够提供多少额外的价值？
➢ 公司目标和管理层报酬。
➢ 成本情况：在不影响利润的前提下，削减成本的空间有多大？

这些因素就是为什么在两个或两个以上的竞争对手竞争的形势下，每个竞争者能够捕获的价值水平总是低于全部价值捕获——有时甚至是全部丧失。但是产出一般也会高于成本——经常高出很多。

考虑一个经典的竞争状况：有两家公司的产品和股东期望非常类似，但在价值主张和成本方面存在一些差异。它们的产品都可以给买方提供大量的价值，但由于竞争，双方都不能获取所有的价值（无固定价格）。为什么？可以通过研究两个公司之间一个典型的竞争状况得出答案，我们假称这两家公司为 A 公司和 B 公司。如图 2-1 中所示，这两家公司之间有一些正常的差异。

在这个案例中，A 公司似乎比 B 公司提供了更大的价值。也许是因为 A 公司的数据处理装置运行速度比 B 公司快 30%，或许是其广告受众的家庭平均收入要高于 B 公司的广告受众，又或许是因为 A 公司有一个具有更大显示器和更低能耗的飞行监测器。不管什么原因，A 公司提供了更大的价值。

通常情况下，这样的产品因为价值增值将要求更高的价格，而我们在进行了彻底的竞争比较和考虑了竞争产品的所有要素之后，一般都能够证明这种溢价的存在。例如，在一家软件公司，其优越的备份能力不被市场重视。原来，事实上该市场的大部分买家并不看重这些增值功能。但是，真正重视该功能的买家，确实是支付了慷慨的溢价。客户产品管理不能进行市场划分，也没有适当地沟通竞争差异。[2] 差值应得到市场的认可，因为当除去两个竞争者相似价值构成的时候，价值较低的竞争者（B 公司）没有东西可以提供给买方，用来中和 A 公司提供的更高的价值。

在某些情况下，管理层抱怨他们的高质量或是差异性的产品属性被市场忽视了。假定高质量对市场具有重要意义，那么有办法确保市场具有识别的能力。方法之一是将拥有和没有这种属性的商品分出等级。通过定价使自己的"无属性"产品与竞争对手的"无属性"产品价格相仿，你就可以强迫购买者重视这种升级。他们当然会想要免费获得升级，但这将是买方谈判的一部分。这种提议会使你们公司获得更大的优势，并且通常可以扭转谈判局势，因为对其中差别进行合理解释的责任将有效地从你方转移给买方。现在，你的销售观点陈述可以像采取专家建议一般地冷静。

让我们根据情境和市场细分来分析为什么价值上的差异似乎并不被重视。举例来说，考虑几年前的电信设备市场。20 世纪 90 年代领先的 PBX（程控电话交换）设备制造商包括朗讯、北电和西门子。这些厂家生产的可靠的、可扩展的、耐用的

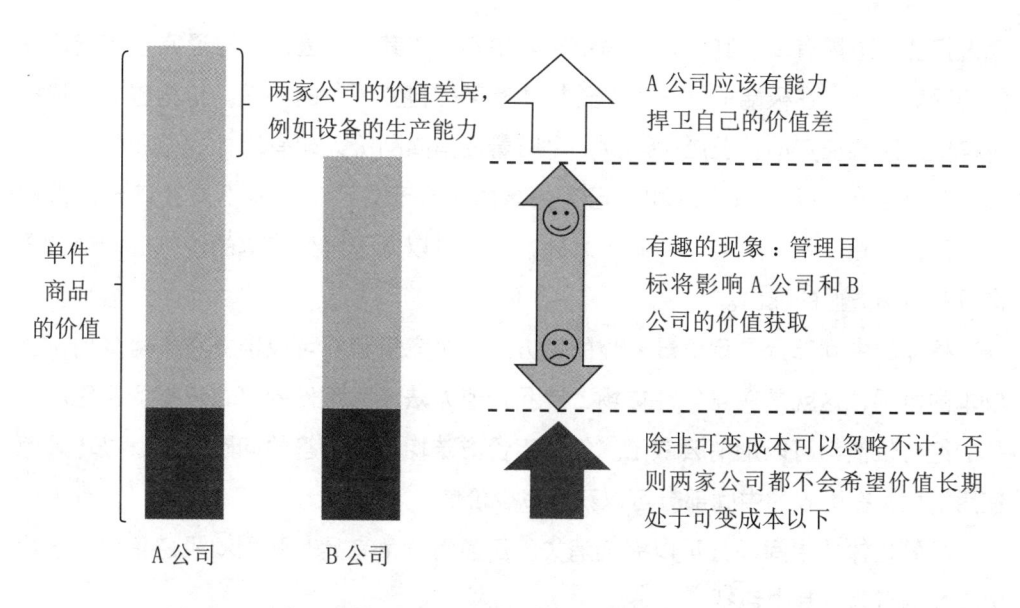

图 2-1　价格压力与价格底限：竞争对于价值实现的影响

系统，可以在大型建筑和公司中处理呼叫。几乎没有人注意到市场中的"便宜"机器，它的价格与一次性设备相仿，由松下制造。然而，三年以后，松下机对单位用户线路收取的价格却是最高的，说明产品的价值和价格完全反转。这是因为"低价值"程控交换机市场受到了供应商的相对较低供应和较高需求情境的影响。产品规格没有驱动价值，因为高价值设备被锁定在毁灭性的价格战之中。而松下没有。

> 管理层需要通过价格来明确沟通价值差异。方法之一就是以竞争对手的价格提供减去增值部分的产品——这就将选择权彻底交给了客户。

成本扮演着重要的角色，尽管是以间接的方式。请参看图 2-1 柱状图的底部，它们代表成本。你会发现很少会有竞争者以低于可变成本的价格进行销售。对于高利润的行业来说，这将是相当大的折扣：一些信息服务的价格要下降 90% 或更多，才会触及增量（可变）成本。同样，竞争双方将抵制低于增量（或可变）销售成本的定价，因为一般来说，A 公司和 B 公司的管理层都不会和钱过不去。

我们经常看到以低于完全分摊成本的价格进行销售的例子，但这种情况并不太令人担忧，原因有二：其一，因为价格降幅不大；其二，因为分摊通常没有指明具体情况。此外，在极端的情况下，价格还有某些自我调节的方面。价格越低，根据价格做出购买决定的情况越少。例如，随着促销赠品（如印有商标的笔和杯子）的成本越来越小，买家只会从和自己有关系的供应商处订货，而不是就订单进行招标。因此，除了带来财务上的痛苦之外，竞争者以低于可变成本的价格进行销售通常没有市场方面的理由。

柱体的中间部分是定价最有趣的地方。两个竞争者都可以选择将价格降到可变成本的水平，这就是在竞争性市场上产品价值无法成为定价的可靠依据的原因。产品的绝对价值都可以烟消云散了。任何定价方法均务必回答的问题是：通过巧妙地使用情境，在图表的中间部分可以获取多少价值？

尽管柱体的中间部分可以完全消失，但通常竞争者具有强烈动机避免这种自我毁灭性的行为。其中包括：

> 在管理激励机制中包括赢利能力激励。[3]
> 面对强大竞争对手的管理者关心是否会引发价格战。
> 甚至在追求市场份额增长的过程中，现金流也是一个典型的要素。

这些因素，和许多其他因素一起，形成了包罗万象的"情境"，使市场价格免于崩溃。情境是沟通以价值为导向的管理成本著作与更具学术性的经济学术文献之间的桥梁，管理成本著作通常渴望获取所有的或大部分的产品价值，而经济学术文献则更多地认为成本和最低股东回报是定价的唯一底线。这不是真的。

尽管在经典的经济学文献中管理激励因素几乎被忽略了，但在一些定价情形中它们的影响绝对是决定性的。管理团队的定价决策无疑具有赢利目的，设定威胁到这一目标的价格对他们来说是有顾虑的。在大多数情况下，管理层甚至要确保定价高于最低价格，以便达到利润目标和目标价格——许多管理团队都希望做到这一点！

情境还包括股权持有人的性情，这是在考虑管理层的同时需要考虑的问题（尽管这两个群体可能是协同一致的）。股权持有人可以是一种价格破坏力（例如私人股本、融资并购、风险资本家），他们需要公司表现出非凡的利润增长，他们又可能是阻碍赢利的保守势力。

管理层股权激励和股权持有人目标将直接影响市场价格。

商品成本和近商品市场

成本在大多数市场上都能发挥作用，但是它们不应该成为确定价格的单独因素。在一些行业中成本起着非常大的作用：商品市场和成本加成市场。事实上，即使在这些市场上，价格也并非完全由成本驱动。特殊的环境仍然对价格有明显的影响。例如，当一个安大略的钢铁制造厂经历了一次"漏钢"[4]事故而关闭生产的时候，为了履行合同，它从附近的一个工厂获得替代产品，然而是以更高的价格。

在任何行业中，都有很多原因令价格偏离成本，而商品溢价的一些最常见的情况都与情境变化有关。典型的变化包括：

> **新的产品**。甚至在竞争最激烈的行业中，独特的新产品也是获得更高利润的一种情况。例如，在商品塑料容器行业，可封口的塑料袋会使得材料价格在一定时间内高涨。
> **紧急订单**。现有的每一家公司都需要一个交货时间间隔。如果客户需要的话，那么这就是适时提出紧急订单加价的时候了。
> **特别订单**。无论是否真的引起材料成本的上升，特别订单都是赚取更高利润的一个机会。额外收入可以采用溢价或者长期大量订购承诺等形式。

像往常一样，即使成本并非真正的驱动原因，更高的成本也是伴随着新的更高价格的一个非常好的理由。这意味着你不得不提高价格，并且表示价格上涨并不是对利润的简单抢夺。例如，当生产新产品需要建立模具和模型时，成本差异可以在很多情况下被直接引用为依据，要求更高的价格，或者要求对方承诺大量订购该产品或另一件产品。

人们通常认为成本是明确的——每种产品或交易都有一个相关的成本。事实上，有许多不同种类的费用。衡量成本和利润的方法有很多，它们经常在定价中扮演一定的角色，[5]并不是以人们通常描述的简单化方式，而是以影响竞争对手定价行为的方式。要成为一个精干的定价者，你要在简单和更深入的成本计算之间寻找恰当的平衡。

考虑本公司的成本以及确定竞争对手的成本，可能会适用不同类型的成本计算方法。[6]例如：

> 在公用事业中，法规限制了定价的灵活性，因此了解总成本水平即可。
> 在竞争更加激烈的行业（例如非耐用消费品行业）中，对成本必须获得产品层面的认识。
> 在竞争最为激烈的行业中，你必须对每个客户和每笔交易的成本都有所了解。

例如，在商品塑料行业，如聚苯乙烯泡沫塑料板、购物袋、包装纸，大宗订单的价格一般都会在边际成本和平均成本之间。在该行业中，你需要知道不同产品、不同地理位置和不同订货量的成本，否则大量的订单将击破你的损益表底线。只有当情境（如紧急订单和竞争对手的疏忽）允许时以高于平均成本的水平定价，才能使这些企业赢利。

非商品生产企业也应采取这种心态，寻找加价的机会。传递加价的依据很重要，因为正确的信息可以避免客户被提价激怒的可能性。对租赁服务公司和零售商来说，一个很好的做法就是将事件的时间表（情境）以及因此而导致的附加费用进行公布。将这些收费公布于众也可引导竞争对手采取相同的收费定价。

许多商品行业从正常交易中赚取的利润很少，但却善于利用有利的情境（例如紧急订单）。情境驱动的加价是一种策略，非商品生产企业也应在机会合适时考虑采用。

小结

　　管理者需要知道一个新的或现有的产品应索要怎样的价格。基于平均效用或价值的盲目定价不利于实现这一目的,除非你对市场享有垄断。

　　对于垄断市场之外的所有其他市场而言,管理者要依照情境建立价格。用最直接的话说,这对于那些为开发出更好的产品而献出鲜血、汗水和泪水的产品开发者而言几乎是非常痛苦的。根据本书确定的参考架构,也可称为情境,所有的产品都可以说既具有价值又毫无价值。举个与管理层激励这一情境无关的例子来说:一件救生衣在一艘正在下沉的船上可以值大价钱,但它在一次正式的晚宴上的价值是负数。

　　关于"价值",一个有趣的比喻来自中世纪。那个时候,科学家认为有一种称为"燃素"的物质。这种物质可以使东西燃烧——助燃。如果某件东西没有燃烧,那么它缺乏燃素。听起来有道理,对吗?唯一的问题是,它忽略了一个关于燃烧的更复杂的(但很有用而且更准确的)解释——火是在燃烧放热的化学过程中的材料的快速氧化,并释放出光和热。燃烧需要两个组成要件:氧气和燃料。我们认为,最佳的定价需要考虑情境。情境中可能包括某种形式的价值,或者成本,或者任何数量的其他因素。就像燃烧,更高的收入不是来自一个单独的成分(价值)。

　　情境不仅是客户的看法。尽管客户的看法很重要,但情境也与每个市场竞争者相关。感知和情境决定了市场竞争者的定价行为,从而决定了一个市场上的价格。

注释

1. Robert G. Docters, et al., *Winning the Profit Game*, McGraw-Hill, 2004, pp. 84–85.
2. 因为独特价值而溢价的另一个例子来自于女装界,在这里"'我也是'……多年来在零售业中一直萦绕不去",援引自罗伯特·德布尔(Robert Drbul),巴克莱银行(Barclays Capital)分析师。("To Stand Out, Retailers Flock to Exclusive Lines," *The New York Times*, February 15, 2011.)
3. 幸运的是,绝大多数的美国公司管理层倾向于避免相互毁灭的价格战。一项调查发现,74%的公司设有利润业绩奖励。见"Study of Performance metrics Among S&P 500 Large Stock Companies," James F. Reda & Associates, LLC, March 2009, p. 10。因此,他们不愿意让价格降到成本的水平。

4. 意思是钢水烧穿了连铸机，在这种情况下，30吨的钢液泼溅在轧钢机上。钢液进入形成钢的电机，并使得生产停止。

5. R. Docters, "Improving Profitability Through Product Triage," *Business Horizons*, Indiana University, January/February 1996, p. 71. 即使是成本加成合同（价格＝成本＋利润）也不会产生相似的结果，因为公司如何应对任务将直接影响结果（例如，他们自己拥有办公空间或租用办公空间所产生的管理费用）。

6. 可变成本、固定成本、边际成本、全负荷（饱和）成本、平均成本，以及其他类别。哥伦比亚大学的戈登·希林洛（Gordon Shillinglaw）教授曾评论说："如果你问我'成本是多少？'，我会问你'你为什么想知道？'"

第 三 章　哪种情境对你更重要

> Con-text：[名词] 居前或者之后……并且确定其含义的部分。
>
> Con-tex-ture: [名词] 交织在一起的动作、方式；结构；质地……构成
>
> ——《牛津简明词典》（第四版）

对于你的定价，哪种情境更重要？回答这一问题需要你对自己的产品与买家进行仔细的分析，这种分析通常会带来一些令人惊讶的结论。

华尔街交易专柜的一个供应商就曾有过这种经历。这位供应商的销售团队费尽心力地想越过采购部门而直接联系"决策者"。销售团队的一项调查表明，理想的状态是，他们可以向交易主管提交发盘，并且努力避开采购副总裁。但结果表明，这一策略对于获得最好的价格水平而言，并不理想。

统计数据表明，当采购决策由交易主管做出的时候，交易达成的最终价格和客户的收益都会更低。为什么呢？其答案，和通常情况一样，在于决策的情境。

在典型的华尔街环境中，交易主管是一个强势角色，而且很明显，他非常清楚交易专柜的需求。相对而言，采购副总裁的影响力要差得多，而且经常对交易专柜的操作需要不甚了解。这就意味着当采购副总裁考虑一个价格的时候，他不能冒险说

"不"。如果他真的取消了一向对交易专柜来说至关重要的服务而没有提出天衣无缝的替代方法,那么结果将是可怕的。因此,采购副总裁可以虚张声势,但其实底气不足。

与之相比,交易主管一般能够平衡成本与收益,因为他对交易操作很熟悉。同样重要的是,如果他取消了一项产品或服务,抱怨会直接流向他本人。他在解决问题时也会遇到更少的内部政治风险。最后,因为他更直接地了解需求,他在削减不必要的服务项目时也更加自信。所有这些都意味着,客户在离开交易所时赚到的钱更少。

采购决策对于定价结果的影响

上述例子清楚地说明了情境如何决定采购决策,从而影响定价的结果。此外,情境还决定着理想的价格结构。在华尔街交易专柜这个案例中,投资机构设立了强大的防御系统,防止供应商侵蚀它们的财富,而一个好的定价结构将有助于克服其防御系统。

高盛(Goldman Sachs)等交易商针对其交易员建立起自己的交易成本标准。一个成功的交易员一年可以为其带来3,500万美元以上的收入——这是一大笔钱。但每个交易员的费用比率都被限制在10%左右,他的基本工资(与奖金相比数额很小)和诸如办公地点租金和福利等管理费用都从中来。这使得每个交易员的其他费用目标支出只剩下大约一年40,000美元,包括购买交易席位、通信、培训、数据和支持等。尽管高盛公司享有巨大的利润,但如果你是上述项目类别中的一个供应商,那么你的价格会被挤压——除非你拒绝使自己的价格适应交易员设定的成本分配方案。一个可以独立使用、职能交叉的企业版许可证是很难分配给每个交易者的。分配可以随意,但这样做经常会涉及公平问题(例如,并不是每一个交易者都会使用所有服务,因此会有抱怨),并且需要下更大的功夫。所以由采购把关人在整个部门实施分配更容易。幸运的是,部门预算没有向单个交易员那样设置严格的交易费用上限,从而供应商的定价不会遭到强烈反对。因此,价格结构,即本案例中所提供的产品或服务的"单位"和度量方法,将有助于解放价格水平。

> 深入了解决策过程经常不会在正常的销售过程中发生。然而,它可能是克服定价中情境障碍的唯一方式。

选择采购的计量单位是对情境和价格产生影响的一个契机,而它常常被忽视。如本书中之后所述,大部分的产品或服务可以按照超级组量(批量)或部分组量(或"切片"或"间隔")出售所有权以及相关的融资或担保。这些选择应体现购买者的决策过程和参考架构。

参考架构应包括渠道情境。例如,许多游乐园的供应商已开始在互联网上以高于门口售价的价格出售门票。虽然这与许多消费者对互联网的预期相悖,但却很有道理。最大型的游乐园发现,游客将其定价放在了整个游程的情境之中。大型游乐园由于位于美国一个主要城市,因此它有着广泛的游客群:当地人、本国人、远道而来者以及国际游客。这意味着,对一些游客来说,旅行成本很低——通过当地便捷的运输系统出行。对于其他人来说,这意味着昂贵的机票、酒店和杂费。

这种情境使得价格很敏感。例如,一个人花了超过1,000美元的旅行费用去亚特兰大,那么39美元的门票则看起来很少。而对于花了4美元乘坐公共运输工具到那里的一个人来说,这39美元将得到更多的关注。事实上,距离和出行成本推动了价格,因此外地游客所推崇的网上购买的价格理应高于实地购买的价格。

总体购买的情境也适用于大型工业谈判。在一个价值数百万美元的合同谈判过程中,卖方要求10万美元的费用由买方支付,而买方团队(关注的中心在"大额票价"事项上)随随便便地就答应了——这种让步在其他任何谈判中都是不可想象的。

客户关注的问题如何影响购买决策

很多事情都可以是对价格结果造成影响的因素:情境和价格驱动力可能包括买方名称、选择的计量单位、地理位置、差旅费等相关费用以及谈判的规模等等。此外,我们发现,一个市场的关键的价格驱动力可能在其他市场上并不重要。油田服务和地理分析的捆绑很重要,但是不同类型钢材的捆绑则没有什么意义。有线电视和电话服务的捆绑销售对于收入有限的细分市场来说很重要,但它却破坏了高收入细分市场的价值。因此,了解情境和由此产生的价格驱动力是必需的——当然,表面看来产品和市场管理者都具有这种责任,更不用说销售团队了。

然而，许多管理者不断抗拒，不愿了解顾客心里的黑匣子（见图3-1）以及购买的决策过程。举两个例子：

第一个例子，曾经拯救了加拿大福特公司、现任加拿大贝尔移动公司首席执行官的鲍勃·费查特（Bob Ferchat）担任 CEO 的工作经验丰富，拥有着优异的管理工作记录。然而，鲍勃很沮丧，因为公司从上到下都不愿听从一个非常务实的建议：了解贝尔移动公司的最佳客户。

由于长途卡车司机是贝尔移动公司重点服务的细分市场之一，鲍勃说，公司鼓励每一个愿意花几天时间与卡车队一起旅行的员工这么去做，并且提供补偿。令鲍勃懊恼的是，贝尔移动公司的2万名员工中，没有人接受这个提议。没有一个员工想了解公司最佳客户群体的需要以及他们如何做出购买决策的第一手资料。

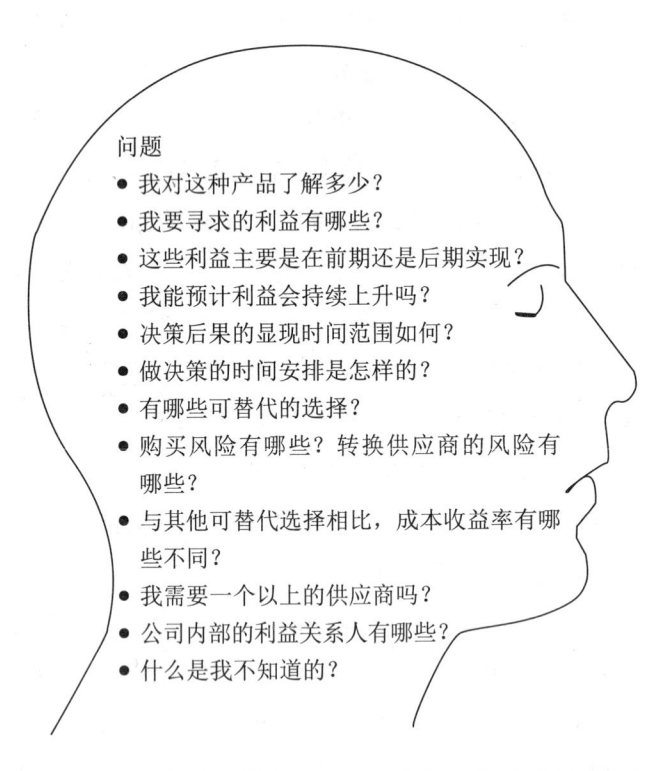

问题
- 我对这种产品了解多少？
- 我要寻求的利益有哪些？
- 这些利益主要是在前期还是后期实现？
- 我能预计利益会持续上升吗？
- 决策后果的显现时间范围如何？
- 做决策的时间安排是怎样的？
- 有哪些可替代的选择？
- 购买风险有哪些？转换供应商的风险有哪些？
- 与其他可替代选择相比，成本收益率有哪些不同？
- 我需要一个以上的供应商吗？
- 公司内部的利益关系人有哪些？
- 什么是我不知道的？

图 3-1 顾客的头脑内部；顾客决策过程的"黑匣子"

在第二个例子中，一家生产窄体短途飞机的制造商注意到，一种小型飞机的销售情况不太好，而且经常的情况是，买家会购买更大型号的飞机，即使他们不需要额外的座位容量（或费用）。调查发现，较大的飞机很容易符合投资税收优惠政策要求，而小型飞机通常不会。当研究者指出买方的纳税义务差异时，产品管理者说，这"不关我们的事"。而从定价的角度来说，这正是制造商的分内事。

因此，要实现情境定价，重要的一步就是鼓励你们公司来看一下在消费者头脑中的黑匣子，或者一个企业客户的决策过程。许多对定价来说至关重要的问题并不是总能被问到，所以决策过程仍然是神秘的、晦涩模糊的。

如同所有的改变一样，你应该预计到以客户为中心的定价方法将遭遇一些阻力。

你可能会想，即使你的团队认识到买方经济学会对公司的销售成功产生影响，又该如何提高你的团队对于价格情境和价格驱动力的了解呢？我们该如何识别潜在的价格驱动力，我们又该如何测试它们呢？答案很简单。我们发现，管理层通常非常熟悉这些价格驱动力和情境，客户当然也熟悉。要求管理者记录和讨论潜在的价格驱动力是很好的第一步。[1]

然而，某种程度的公正是评价价格驱动力时所必需的。例如，在以销售为导向的组织中，对销售重要的因素通常被给予优先考虑，因此对定价影响最小的销售问题，其优先度也要高于一个有损顾客忠诚度的实际定价问题。在一个公司里，因为一些微不足道的服务问题，销售部门管理者用情境定价的调查表猛击客户服务部管理者的脑袋，而真正引起客户流失的问题是定价。

当你考虑你的定价方案时，一份有关情境定价的潜在驱动力的通用性清单，可能是有用的。这份通用的清单已经按照市场营销中的4P原则进行了整理：

- 产品（product）。除了以性能和质量等人们熟知的衡量标准实施定价之外，要花费更多的时间了解用途和竞争对手的产品（包括有形和无形产品）。最重要的是，不要假设信息是完美的——潜在买家知道什么？什么是他们不知道的？一段时间以后呢？
- 促销（promotion）。复杂的推广和品牌管理已经考虑到了买方的想法和买方了解的内容。其缺点在于，这些见解往往与传递信息相关而忽视了定价。品牌是与购买者沟通并对其形成影响的一种努力，往往通过情境进行；在定价中也应沿袭这一做法。

➢ 价格结构（price stracture）。价格结构构成了一些最直接的可适用情境。价格结构有力地传达了买家应该采用怎样的情境：对于邦迪牌创可贴来说，包装盒上的定价说明写着，"比照盒子的大小"；而固定价格经常用的说法是，"就是这样，不管你使用或不使用它"。要确保你传递的信息是正确的。

➢ 渠道（channel）或地点（place）。这通常是情境效果的核心。不同销售渠道的有效性、沟通能力、形成决策标准的能力均不相同。定价必须提供对渠道而言最有用的信息，包括销售点的价格策略等。

图3-2生动地标示了一些比较常见的情境要素。字体大小代表着发生的频率。此图可以构成一个讨论的起点，但有时市场会形成自己的走向，而人们通常认定的要素却没有驱动价格的形成。[2]

如果潜在的情境世界看起来很大的话，那么它的确是这样。商业世界规模巨大，变化多样，情境世界也是如此。然而，它们并非都是需要主要关注的问题。好消息是，所有公司部门需要面对的主要情境驱动力都只有几个。

学术著作中强调了之所以说情境重要的诸多原因，仔细地研读它们，将揭示一些得到论证的情境的影响。[3]

➢ 时间。大多数的消费者不会选择第一个提出的报价，即便它是最好的。

➢ 价格比较。大多数消费者将价格差异看作基础价格的百分比。在大宗购买时，同样的单纯货币价格差异对他们的影响，要比在少量购买时小得多。

➢ 优质的产品。在产品线中添加一个高端产品，将改善消费者对于产品的看法，即便消费者选择不在高端层次购买。

➢ 折扣。当消费者对正常价格有清晰的了解时，折扣的作用更大。

➢ 讨价还价。一个更高的价目表价格减去折扣，要比一个较低的折扣加附加税更能获得好的销路，即便两者最终形成的价格是相等的。

➢ 非价格报酬。某些情况下，这些报酬的效果可以超越明确以美元计价的报酬，例如"礼券"。

可能在你们公司的不同部门中，并不存在共性的情境特征，但这样很好：职能集中和相对简单无疑是许多公司把管理层划分为不同业务单元的原因。

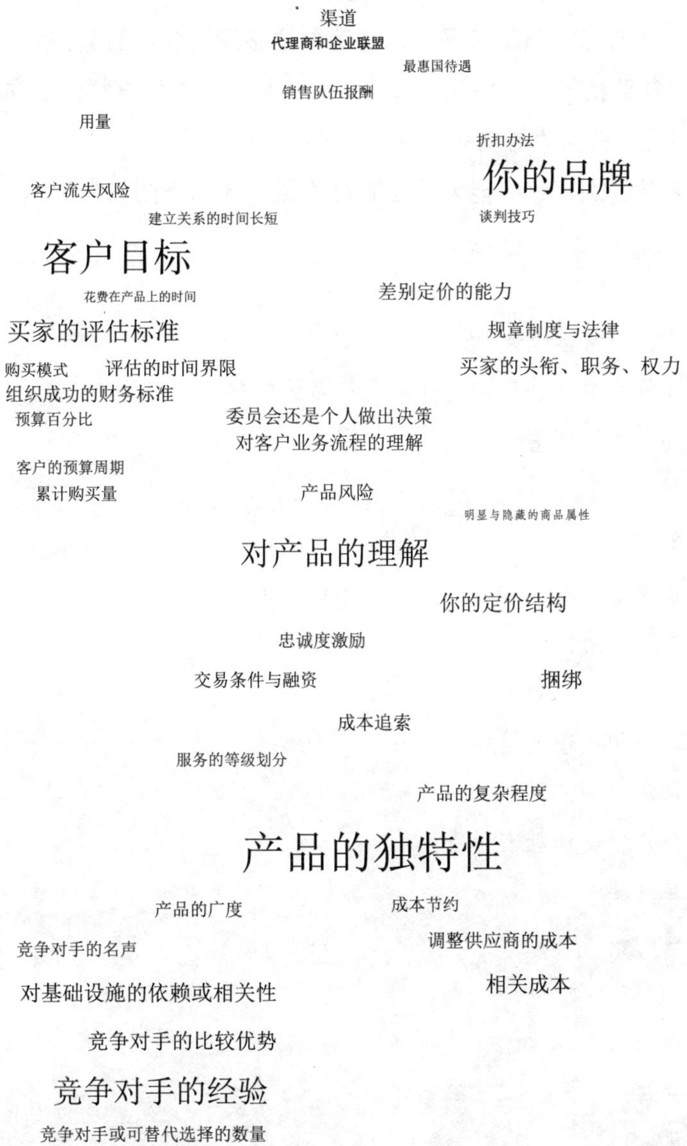

渠道
代理商和企业联盟
最惠国待遇
销售队伍报酬
用量
折扣办法

你的品牌

客户流失风险
建立关系的时间长短
谈判技巧

客户目标

花费在产品上的时间
差别定价的能力

买家的评估标准
规章制度与法律

购买模式　评估的时间界限
买家的头衔、职务、权力
组织成功的财务标准
预算百分比
委员会还是个人做出决策
客户的预算周期
对客户业务流程的理解
累计购买量
产品风险

明显与隐藏的商品属性

对产品的理解

你的定价结构

忠诚度激励

交易条件与融资
捆绑

成本追索

服务的等级划分

产品的复杂程度

产品的独特性

产品的广度　　成本节约
竞争对手的名声
调整供应商的成本
对基础设施的依赖或相关性
相关成本
竞争对手的比较优势

竞争对手的经验

竞争对手或可替代选择的数量

图 3-2 常见的定价情境的比例标示

镜子的另一边

现在我们已经从市场的角度了解了情境。情境定价的一个基础就是，除非你有一个独特的产品，否则你们公司就可能需要关注市场想要什么。但是从你们公司内部的视角来看又如何呢？通常情况下，经营单位必须适应各种客户和销售的情况，而他们通过考虑需要执行哪些任务，来实现这一目的。虽然这样做会损失一些对市场的忠实度，但是以任务为导向的观点仍然是比较有效的。

一些情境需要区别定价的能力（还有可能是，要求不同的售价），其中常见的情境包括：

- 大宗采购，通常涉及谈判
- 以美元计价的中型合同中的标准化产品的销售
- 小型以及一次性销售
- 特殊订单
- 紧急订单
- 通过自营渠道直接销售
- 对企业集团销售
- 零售
- 向竞争对手和代理商销售
- 投标销售
- 对忠实客户销售和独家供货
- 对边际客户销售
- 竞争激烈的销售
- 加售
- 分层销售
- 新产品试售
- 捆绑销售
- 直接向买方销售与通过中介销售

- ➢ 抢占式销售与应对式销售
- ➢ 复杂的选择与明确的选择或引导销售
- ➢ （卖方的）预期用途与非预期用途
- ➢ 确定使用与可能使用（如保险）

一个完整的清单可能很长。这里的列表涵盖了大量的情形，大约公司定价情况的70%左右。

假设你想进一步浓缩列表。浓缩情境定价因素的一种方法，就是根据你与客户关系的强弱把这些因素归并在一起。如果由于产品、交付、品牌或定价等原因你在某种情境中有很强的吸引力，那么与在某种情境中你的商品吸引力不大的情况相比，处理方法则截然不同。因此，一个可能的方法就是根据市场来对你的销售情境进行分类。

图3-3表明了一个大型消费品公司在零售时所依据的情境价格要点，并通过与客户关系的强弱进行了排序。

市场支配力强大	→			市场支配力弱小
东南区域 以促销为导向的零售商 紧急订单	小型经销店 非传统经销店 高增长经销店	稳定的长期客户的大宗购买	东北区的大型连锁店 存在行业主要竞争对手的区域之外的加售订货	又一个行业主要竞争对手出现的区域 向高危客户或竞争对手客户的大型投标

图 3-3 情境价格的依据：大型消费品公司的五种情境价格基础实例

这五类情境价格压力取代了复杂的定价公式和矩阵，但也被证明在市场上是可以执行的。这五种情境比现有的市场细分理论对价格变化给出了更好的解释，所以这一见解被纳入了该公司的市场策略之中。

一般来说，你可以参照你的市场支配力来划定情境的分类（在某些情况下，可以用顾客对价格的敏感度来衡量）。

公司对情境定价的接受程度

今天的管理者们拥有一系列识别和评估购买决策情境的工具。每种工具都可以提供丰富的对于如何提升收入的真知灼见和方法手段,但管理者往往会对采用它们犹豫不决。为什么呢?

在一些行业中,定价主要是一种管理活动(例如金融和旅游)。在这些行业之外,这种对从数据中得出结论的不情愿,似乎是出于恐惧和惯性。[4] 一个有线电视公司推迟做出重大的价格决定,因为它正等着建立一个价值数百万美元的数据库——尽管它已经存有丰富的客户调查信息。数据库建成后,有线电视公司断定数据库中的数据是不完美的(真令人惊讶!),因此不适合定价决策。当咨询服务公司几经努力通过各种来源拼凑了数据,并且所有数据在方向上都表现出一致性之后,有线电视公司仍在寻找更多的数据,来支持建立在证据基础上的(但不完美的)各种策略建议。

没有定价策略是无风险的或是基于无懈可击的证据的。任何销售策略、任何财务策略、任何产品开发计划、任何品牌等,也都不是无风险的或是基于无懈可击的证据的。然而,那些不完美的计划似乎更经常地得到执行。为什么呢?一个可能的答案是,在许多行业中,高层管理人员是通过销售、财务、营销工作达到现在的位置的。邓白氏公司(Dun&Bradstreet)的前首席营销官说,她发现的证据表明,她们公司的定价存在问题。然而,当她迫于无奈承担起提升收入的计划时,她选择了将她带到这个职位的工具——品牌。高管们不愿意把他们的职业生涯押注在他们自己和他人都陌生的函数式程序上。这可能就是人们有时候能够容忍在解决定价问题上的无限期拖延的原因。[5]

情境可以使公司的管理团队熟悉定价原则,因为在许多情况下,情境的逻辑可以使结果直观可见。在任何情况下,这都是我们所希望的。情境拒绝简单的数学的量度,例如弹性,而且这样做是正确的。相反,情境的逻辑需要不断地聚焦于为什么和如何制定决策。这往往是未知的,但是对那些处理品牌和销售问题的人来说,这也是个常见的问题。

小结

可供选择的定价准则各种各样,差别显著。然而,当我们考虑具体案例时,情境是相对来说比较简单的。在每一个案例中,确定情境的过程非常相似:通过访谈、问卷调查或其他手段,研究购买者的决策过程。这里列出的情境列表,可能是一个有用的起点。

注释

1. 如果你提出这一要求的话,你很可能最终得出更多的潜在情境动力,而不是更少。问题在于,许多情境是密切相关的,或者用统计学术语来说是线性的。就B2B的例子来说,请注意"客户的购买规模"经常与他们成为客户已经多久这一问题相关,这又关系到公司从业的时间长短,而要回答这个问题,除了许多其他的考虑因素以外,还关系到销售代表的从业资历。换句话说,所有这些因素实际衡量的可能是同样的事情。确定哪些相关因素是主要的,经常需要一些统计测试。
2. 追求最常见的价格驱动要素并不总是寻找价格差异真正来源的最有效方法。当电影《卡萨布兰卡》接近尾声时,雷诺上尉说:搜查"周围那些常见的嫌疑犯",他让真正的罪犯(汉弗莱·博加特饰演)自由离开。不要让团队认为,常见的情境推动要素总是适用的——你可能会错过真正的罪犯。
3. 警告:**根据律师的意见,我们必须警告你,这可能是世界上最无聊的脚注**。价格结论与心理过程的联动已经通过一系列的学术研究得到确定。例如:Kent B. Monroe and Joseph Champman, "Framing Effects on Buyers' Subjective Product Evaluations," *Advances in Consumer Research*, vol. 14, 1987, pp. 193–197; Richard Thaler, "Mental Accounting and Consumer Choice," *Marketing Science,* vol. 4, Summer 1985, pp. 199–214; Amos Tversky and Itamar Simonson, "Contextual Dependent Preferences," *Management Science*, vol. 39, no. 10, October 1993。但是该研究更关注的是价格水平和优惠券发放,所以为了管理使用,范围有点窄。一些作者采取了更广阔的视野,并描述了如何将价格框架("情境")见解与定价实践相联系。如果想阅读有关情境使用的好文章,请参见 Benson P. Shapiro, "What the Hell Is Market Oriented?" *Harvarad Business Review*, March 3, 2009。
4. 奇怪的是,许多经理人认为,定价决策是可以避免的,并通过其他手段解决定价问题。这一行动类似于喜剧演员米奇·赫德伯格(Mitch Hedberg)的牙科策略:"我本来是要把我的牙齿漂白,但却把我皮肤晒黑了。"
5. 我们怀疑,对于定价问题的矛盾心理,部分是因为定价问题非常复杂。这可能是管理层拒绝转向新的定价举措的一个原因。"Why So Many People Can't Make Decisions," *The Wall Street Journal,* September 28, 2010, p. D1.

第 四 章　生活在数字化的世界中

> 那只猫这次消失得非常慢,从尾巴尖开始消失,一直到最后看不见它的笑脸,那个笑脸在身体消失后好久,还停留了好一会儿。"哎哟,我常常看见没有笑脸的猫,"爱丽丝想,"可是还从没见过没有猫的笑脸呢!这是我见过的最奇怪的事儿了!"
>
> ——刘易斯·卡罗尔,《爱丽丝漫游奇境》

供给和需求是对情境的有效总结。如果需求增加或减少,或供给增加或减少,价格水平通常也会变化。戏剧性的变化会使之前关于产品内在"价值"的任何计算都变得毫不重要。

人们能够铭记的供给和需求近期发生的最戏剧性的变化是数字化(例如互联网、软件应用程序、电子模块化)的结果。今天的许多制造商和服务供应商都将数字化看作是收入和赢利能力的威胁。经常被引用的忠告"不要用电缆美元去换网络硬币"就表明了这种恐惧。[1] 虽然数字形式的内容、服务和软件的确可以摧毁一个传统企业的赢利能力,但通常,忽略情境的糟糕的过渡定价(transition pricing)才是真正的罪魁祸首。

伴随数字化而来的最具代表性的结果有哪些?至少包括以下六种变化:

- 不同的内容和功能之间更容易嵌入
- 服务商根据服务内容进行区分，包括采购也根据供应商和类别进行区分
- 把产品进行分类并重新捆绑
- 更快的服务和更及时性的交易
- 用户、买家、卖家竞争和产品管理之间的非中介化

通常，这些变化会导致消费者和B2B选择范围的明显改善。产品开发商的共同期望是，客户将满足于这些新的选择。然而，事实上有时顾客满意度反而由于不熟悉的数字化销售平台或传播媒介（例如应用软件）而受到损失。同时，投诉也可能增加，部分原因是数字千禧一代更喜欢抱怨。

数字化往往导致客户群的分化，造成技术娴熟和技术抗拒的细分市场之间的分离。这部分是由于用户的态度，但有时也因为管理者忘记了，走向数字化的举动往往并不能包治百病，甚至不能提高客户的满意度。例如，大多数读者（任何年龄段）的书面阅读速度比屏幕阅读快大约20%—30%，而且复杂的数字系统可以令实物产品或仿真产品的质量和可靠性下降。例如，可靠性是波音公司继续允许飞行员改写飞机的电子飞行控制系统的理由——空中客车的设计不能做到这一点，这已引发了有关安全的广泛讨论。最后的例子：大多数发烧友觉得乙烯基唱片优于CD唱片——且肯定优于MP3文件和播放器。

伴随着数字化，一系列有代表性的副产品也应运而生——比如，可以把原来只能整体提供的产品进行拆解，只提供其中的某些部分的能力。这种情况有着特定的情境价格方法。

当管理和项目团队制定和调整价格策略以便在数字化的世界中赚钱时，应该牢记三点原则：

1. 定价需要实事求是地反映市场的演变。数字化通常不是一场革命；相反，它是一种演进。几乎每一家公司都高估了变化的速度，并且在落后的非数字化细分市场花费的时间和精力不足。具有讽刺意味的是，落后的部

分往往是最有利可图的。例如，在出版业，直至21世纪10年代中期，纸质法律图书的利润贡献率都比其电子书高很多——远远超过预期的时间。

2. 在数字世界中，"收费单位"必须改变。所以收费不再按照每英里、每部著作所有权、每部电影、每件设备计算价格，收费单位需要转变为按每个数字事件、每个应用程序、每个用户、每次使用或任何适合数字市场情境的方法计算。例如，一个新的视网膜扫描仪制造商改变了竞争策略，将新型数字分析产品以每次使用的价格为基础进行定价，而传统的以膜片为基础的视网膜制造商关注的仍然是整件仪器的销售和定价。

3. 正如笑脸可以离开柴郡猫而存在一样，本末是可以倒置的。在一个多元素（复杂）的销售环节中，改变首要元素可以使一切都发生变化。例如，一个新的教科书出版商通过在教科书选用竞赛之前发放教参，从而树立新品牌的知名度和教师的忠诚度，因此成功地打入了市场。这一策略使新进入者在买方正式考察和评估基础文本之时，已经确保了在教科书选用竞赛中的成功。免费在数字世界中因为边际成本的降低而往往成为供方的一个选择，因此插件可以先于主要产品。

市场环境的变化，如数字化，带来以产品重塑和产品重构为基础的新的定价策略。

供给加需求等于情境

管理关心数字化定价问题，可能是因为定价已经刻上了数字化的印记。你的数字化价格将上涨还是下跌？答案部分取决于供给和需求，部分取决于管理者的执行。我们经常发现，管理者在做出投资决定前，并不考虑供需因素及市场发展。当他们考虑了正确的因素时，由此产生的路线图可以提供有价值的战略性见解，如下面的例子所示。

1996年的一项定价研究考察了两个维度，它们都可能影响到有线公司的核心业务：数字内容创作的到来会对内容定价产生怎样的影响，以及网络发展会对发行定价造成怎样的影响。结果准确地预言了之后十年间客户的实际利润情况。随着数字技术的发展使得视频内容制作更为容易、成本更低，内容的供应量扩大了。相对增长较慢的光纤网络和传统的内容发行机制（例如电影院），意味着需求增长缓慢。较高的供应和较低的内容需求，预示着视频内容的价值降低、利润下降。

这一预测从内容制造商的命运中得到了应验。在20世纪80年代后期大发其财的电影制片厂、网络和音乐制作人（例如Viacom、Paramount、BMG和EMI），在后来的十年里，利润持续下降。同时，有线电视公司等内容发行商的利润在21世纪头十年不断增长；而报纸随着印刷媒介进入衰退期，由于竞争日益激烈和需求减少，遭受的损失最大（见图4-1）。

虽然这是在20世纪90年代和21世纪初的状态，未来看起来却有所不同。很多行业已经转向数字内容的生产，不会再有内容的类似增加。相反，发行渠道的数目在扩大。最主要的内容提供商已经建立了数字化基础，在注册的在线网站、社会媒体、移动传媒和传统的分销渠道之间重新分配资源。[2]

如果数字发行渠道的数量继续增加，我们预计大多数发行渠道的价值在未来几年里将要下降。持平的供应和需求（分销）的增加意味着内容的价值可能再次上升。

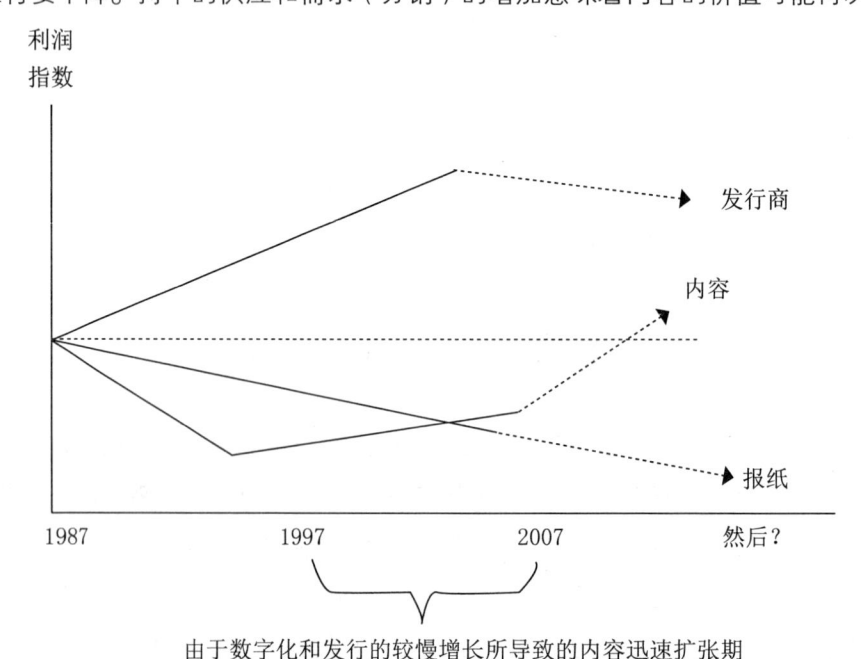

图 4-1 数字化对行业收益的影响：随着时间的推移，数字内容的供需变化

销售行为发生的国家是一个重要的情境变量。在消费品市场上，由于收入差异（需求）和竞争对手的数量（供给）不同，价格水平在各国也是不同的。我们发现，移动电话设备的价格指数如果以美国为100的话，那么德国为122，意大利为89。欠发达国家的指数下降到十几，但一些全球供应商未能按照当地最优价格来变换价格。（当然，价格的变化幅度是有限制的，以防止"灰色产品"再进口的危险。）价格变化的问题并不局限在全球营销的问题上。在美国，类似的数据服务价格，在校园用户和相同年龄段的在职人员之间，差异是显而易见的——这同样强化了情境定价的必要性。

数字价格结构

如何管理数字化转型和数字化细分市场？我们相信，一个数码产品的计量单位是核心的定价问题——这是管理者往往掩盖了的问题。管理者必须发出这样的疑问：哪些买家发生了哪些变化？创建新的数字价值的一个很好的例子：NBC新闻翻出旧的新闻档案并把它们作为教育视频内容重新出售。然而，这时价值尺度完全改变了，从观众和评级变成了每堂课的授权计划。

要在数字化演变中取得成功，定价和产品管理应该紧密关联在一起。在前数字化世界里，产品管理者、定价专家和消费者之间的沟通、互动和了解从来都是有缺陷的，但这些缺陷通常还没到致命的程度。每一方都可以"检验是否有疏漏"（了解产品），而且大家都清楚所售的是什么。在今天，这是不可能的，通常是因为产品的价值是由其在工作流程中的作用确定的。

例如，航空电子设备的价格动力（飞机仪器）已经随着数字化而发生改变。在过去，高度计、导航、通信和其他组件会通过它们各自的精度和可靠性进行评估。今天，这些单独的组件已被航空电子系统取代——这是综合的驾驶舱信息系统，与以往任何时候相比，其组件的精度和可靠性更加相似。系统之间的差异在于包装和众多功能的复杂程度（例如三维合成视觉、态势评估和误差校正），这些方面很难考察出最好的品种。精度、可靠性和功能是仪器的传统价格动力。这些标准已经让位于新的区分量度（例如屏幕尺寸、图形功能、支持系统）。

同样，在B2B数字环境下，技术和专业图书的价格越来越少地以该书本身（精装或平装、长度等等）为基础来决定，而是由书中的信息与其他媒介的关系决定。在工作中我们发现，比如说一本100美元的业务参考手册，其更好的定价方法是将内容价值从实物媒介（印制品）中分离出去。这就要求B2B出版商和教育出版商：

➢ 出售从线装书分离开来的内容。例如，如果你向一家大公司以100美元每册的价格销售100份技术刊物，得到10,000美元（100美元×100＝10,000美元），那么你可以以8,500的价格销售内容和每册15美元的价格出售图书（100×15＝1,500美元）。这样会产生相同的总数，但我们发现这将传递一个重要消息，从而导致额外的销售。传达的信息是："有价值的是内容，不是我们的印刷机。"同时，当企业寻求电子版本，他们会看到停止购买纸质书并没有带来多少的优势。

➢ 针对媒介的优势收费。如果商家提供增值平台，就会针对增值收费。我们常常发现，所谓的"增值"平台实际上并没有提供什么额外的价值（例如，复杂的工作平台败给简单的移动应用平台）；而对于价值究竟存在于哪里这一问题，企业愚弄了自己。将内容价值隐藏在一个媒介无规则的服务包里，通常会破坏价值；将其分离出来通常可以解放价值：消费者会惩罚那些似乎总是"强制捆绑"的供应商。消费者对不需要的捆绑要求15%—40%的价格惩罚是很常见的。

➢ 不要坚持相同的计量单位！数字化使你不必再以书、集成软件包、唱片、驾驶舱仪表或是电视广告的形式进行销售。客户往往害怕这样的分拆将减少收入，但我们常常发现相反。[3]获利的前提条件是充分了解市场价格驱动力和捆绑组合实践。

因此，尽管图书、新闻和期刊从前都是在各自独立的基础上销售的，但它们现在应该越来越被看作是总的内容及媒介价格结构的一部分。当作为单一业务销售时，内容往往具有最高的价值，而输送媒介是附加费用。一些输送比另一些收费更高，但我们发现买家能够区分内容和输送媒介，并将惩罚那些企图对每种成分重复收费的供应商。

当然，价格驱动力必须体现在使传统业务适应新世界的任何计划之中。一个关键的数字定价问题（与计价单位相关）是换算。在前数字化世界里，换算通常可以自行完成，也就是说，当信息客户需要20本税务指南，他们就买20本税务指南。在数字化世界中，许多用户可以勉强接受一次电子信息订阅。因此，现在的问题是：这种信息订阅应如何定价才能使你获取许多用户的价值？同样，这会导致定价者将定价焦点从产品定价（"一次税务指导值多少钱？"）转移到买方的情境（情境："能够支持多少专业税务人士？他们是高级还是初级执业者？"）。换算上的糟糕决策损害了众多服务和信息提供者的价值，包括税务软件、计算机网络、维护和修理，以及新闻采集。

当环境变化时，保持相同的——或者听起来类似的——定价"计量单位"就要小心。例如，用户和功能的适当数字化换算，是定价变化和保持利润率的关键。

收入流失的原因之一是数字盗版——一种有趣的挑战。因为非法盗版与销售，一些娱乐、商业信息以及教育出版商在某些市场和地域里面临着80%或者更多的销量损失。这样的损失往往是可以避免的。定价通常能在打击非法盗版中发挥作用。如何发挥作用？首先，向用户提供他们想要的东西。几家商业信息提供商（例如能源、建筑、法律）发现，只要通过企业定价让客户的所有员工使用信息，就可以立竿见影地消除盗版——并且提升信息提供商的收入。

捆绑和救助情境

另一种消除非法的使用和复制数字内容的机制是创建一种价格机制，在免费提供产品的一些元素的同时，也将其他元素链接到更加站得住脚的需要付费的环境。该策略是为了让用户在产品价值较高的元素上，通过欺骗卖家获利变得更不合算也更不容易。在消费市场上的一个例子是微软Xbox Live的两级定价法，其中银牌会员的游戏是免费的，但要成为更理想的（而且更难盗版的）金牌会员，付款是较容易的选项。微软创造了最容易维护的支付边界：多人游戏的功能。这是一个关于协调定价和产品设计的很好的例子。

在 Xbox 的案例中，联动机制是设计出来的，也是周密的管理策略的结果。同样，微软正在商业软件中嵌入"睡眠"功能，只要申请者感兴趣就可以激活。其中的一个例子就是微软的 SharePoint，这种软件有助于合作。

在更自由流动的 iPhone 应用程序的生态系统中，同样的事情可能作为演化阶段而发生。拿那些容易使人上瘾的智能手机应用程序举例来说，如 Angie's List 和《愤怒的小鸟》，开始时是免费的应用程序，而随着时间的推移，逐渐变为付费使用。在《愤怒的小鸟》的例子中，原有的简单应用能产生强大的吸引力，从而避免了将它从免费升级到付费的复杂定价策略——但不是所有的应用程序都拥有这种优势。

定价成功所需考虑的另外一个关键因素——或至少是避免定价灾难的一种方法——是确保产品管理和定价是并行的，这种做法我们认为是最佳的。定价往往是对产品计划的反应，因此如果产品管理团队对采用数字化过于乐观，那么价格将是错误的。

许多公司在为新的数字产品定价时，经常设定过低的价格。对那些将价格与成本相联系的公司来说，降低价格或许更具吸引力，因为管理者相信数字化降低成本的神话。这经常是错的：研究已经反复证明，在很多情况下，当算入所有费用时，数字化比传统产品更加昂贵。

雪上加霜的是，在数字化产品的错误定价之外，有时管理者会阻碍传统产品的定价。对于同时保持数字化产品和传统产品的负担感到恼火，因此管理者要么削减对老产品的支持要么提高其价格以收获成果（或者为新的数字化发展埋单）。结果呢？数字产品因为过早发布和支持不足导致表现极为糟糕——对传统产品线也造成了致命伤害。

除非你们公司对数码产品的开发已经成熟，否则更好的方法是让市场决定，并且对你现有的产品线执行价格与产品开发相分离的策略。要求每一产品线都要利用情境使收入最大化。让数字化和非数字化产品都各尽其能。这种方式实际上比整合所有资源强调新的数码产品需要的努力更少。通常情况下，成熟的产品依靠长期形成的势头运行。你不需要扼杀旧产品来优化新产品——当需要的时候，市场将这样做。

> 除非你们公司有能力进行技术变化，否则应考虑优化旧有技术和新技术的价格，让市场决定谁是赢家。

从某种意义上说，数字化没有改变定价的基本规则——定价应该一直反映市场的价格驱动力。然而，随着数字化的发展，维持现有的定价结构可能带来的弊端也在增多。价格结构为了适应老一代产品经历了数十年的发展，在新的数字化世界里我们不能依赖它来定价。

数字化的价格驱动力（即市场中影响着客户要求的数字产品定价结构和水平的要素）将惩罚那些不通过逻辑进行思考的公司。[4]"参考定价标杆"、试图应用战略和产品价值与你们公司截然不同的其他公司的规则，并不一定能够替代对数字产品的工作流程的理解。不幸的是，许多所谓的数字定价标杆面对着不同的情境，因此把精力集中在不同的和不适用的价格驱动力上。

小结

数字技术的发展是分析情境定价需要的完美案例研究。当比较类似情况和相似数字产品时，其使用和情境具有重大的差异。不要以为数字化就是好的或就是坏的——两者皆有可能。可能的结论是，购买情境（在某些情况下还有买家）的差异将需要你考虑度量单位，这是公司定价和销售的依据。数字技术的发展需要你对客户需求和商业客户情境的理解。

注释

1. 一般认为这句话出自于新闻集团主席鲁珀特·默多克（Rupert Murdock）。尽管本章讲的主要是数字化作为一种价格驱动力，但是非数字化驱动力带来的变化也可以是同样巨大的。见"The Gagosian Effect, " *The Wall Street Journal*, wsj.com, April 1, 2011。
2. 一个有趣的问题是：新的社会媒体将产生多少内容？社会媒体是内容与发行比较中的加项还是减项？答案可能取决于应用和市场。另一个从新信息来源中获得内容的例子是，1,800万人在迈克尔·杰克逊去世后的几个小时里，通过社交网站和维基百科得知这一消息——比传统媒体的发布时间要早得多。

3. 通常，捆绑销售含有不必要和不相关的组件，当这些组件被剔除时，实际价值将会上涨。见第七章对于科学捆绑的介绍。

4. 这似乎也适用于其他的技术演变情形。例如，当商业客机从活塞引擎变为喷气式引擎时，价格的评价单元从每小时成本变为每乘客英里成本。这种微妙的差异完全改变了经济分析。那些坚持每小时成本的人说，喷气式引擎不会取代活塞引擎，但事实证明他们是错的。未来技术的变化可能会需要类似的调整。

第 五 章　　价格压力的解药

> 客户真正需要的，是免费获得更好的产品。
> ——呆伯特漫画中的尖脑袋女士

　　价格压力通常是一个跟坏家伙有关的问题。通常，这些坏家伙是竞争对手或者消费者。有时坏家伙是老化和有缺陷的产品。有时坏家伙是方向偏离的基准价格水平和缺乏创见的价格结构。无疑，在有些时候，其中的一些观点是正确的。

　　但是，坏家伙的存在是正常情况的一部分。消费者应该降低成本，竞争对手应该努力并且挤占你的市场份额。你的价格结构并不完美，否则你就不会读这本书。问题是，公司如何使压力最小化？

　　首先，让我们看一些最差做法的参照标准。其一就是事后的相互指责。当这些没有吸引力的合同被送去管理层批准的时候，领导们已经无能为力了。从一开始，企业就不应该陷入这种境地。另一种糟糕的做法是用不切实际的、荒唐的定价来开启价格下跌的过程——因为所有的参与者都知道他们无法获得这一价格，偏离它就变得很容易，所以管理者将下调价格。最后，也是最重要的是，拒绝考虑购买情境，因此不了解你们公司的产品所处的市场情况。

指出如何脱离这种境地是本章的重点。

降低价格压力的三种策略行动

价格压力的解药是提前建立健康的情境定价方法并安排部署。把销售当作收入保障的最后防线——不要让它突破最后的防线。[1]

下面的三个策略，将大大降低公司的价格压力：

➢ 精确的折扣
➢ 使用杀伤性战术和提供捆绑服务
➢ 了解竞争所处的层次

精确的折扣

首要的也是最紧迫的任务是确保打折的过程包含实现最优定价所需的基本逻辑元素。这种逻辑要求回答三个问题：

➢ 该客户存在风险吗？
➢ 价格是其中的风险之一吗？
➢ 最佳的价格是多少？

一种常见的做法是跳到第三个问题而不考虑前两个。在没有对前两个问题做出解答的情况下，经理们通常会得出这样的结论：一个大的折扣是合适的。但在实践中，这是有缺陷的。

失去一个客户的风险（或争取到一个客户的障碍）可能有几个来源。一是影响客户的一些事件可能会导致其转向另一个公司。例如，在一个B2B的环境下，一名新经理的到来可能会形成这样的局面。通常，新经理希望证明他开始变化的决心，而下属则需要证明他们不是固守过去。证明这种决心的方法之一，就是转换供应商。有时候，这些变革的推动者会警告现任供应商；有时则不会。

另一个风险来源是气势汹汹的对手。贝尔南方公司（现在的 AT&T 公司）就曾面对这个问题。当时，通用电气公司的一个专业销售洗碗机和公寓楼体基础设施建设的子公司，也开始以非常低的资费提供电话服务。对这种威胁的解决方案是建立一个模型，预测通用电气公司将会接触哪些物业管理公司和房地产投资信托基金（REITs），以及会在什么时候进行接触。事实证明，通用电气公司服务的先后次序是基于公寓的大小、住户的收入水平和他们现有的有线（电视）基础设施、产品定位、用途以及决策者的头衔所确定的。[2] 一个反映这些因素的模型让贝尔南方公司率先实现了通用电气公司的发展预期，从而守住了该项业务。

风险一旦被确定，下一个问题就是"价格很重要吗？"答案是明确的：不总是。在一些情况下价格既不能解决问题也无法限制客户流失的风险，例如重大服务的失败、糟糕的私人关系、企业客户被忠于另一家供应商的另一家公司收购，或者由于新技术或公司无法响应的超级捆绑销售，使得公司的产品不再被需要。在许多情况下，要么因为价格不是问题，要么因为价格不是解决问题的办法，这都意味着价格不是问题的答案。[3] 在这种情况下，不要大幅降价。

你的客户群中只有少部分存在因为价格原因而离开的危险。因此，当不必要的时候，不要大幅降价。

与价格水平相关的风险水平。如果一个客户存在风险而价格不是原因，那么相关售价应是多少？有趣的是，我们发现价格对风险的反应不一定是线性的，换句话说，更大的风险并不意味着更高的折扣。我们建议的价格水平应该与客户的参考标准相联系，不同的参考标准意味着截然不同的售价。

以下是四种典型的情况：

1. 低风险。在低风险的情况下，买方对竞争性报价的意识也非常低。那么价格比较（情境）就会以你们公司的价格为中心。你或许需要对价格关注表现出一些反应，但这种价格反应必须是名义上的。多做只会引起问题，如"你之前为什么不这样做呢？"和"调查一下其他供应商也许是值得的——也许有些东西改变了，其他的供应商可以提供更大的折扣"。这不会产生好的结果。

2. 中等风险。在中等风险的情况下，比较集中于你们公司的报价和竞争对手报价之间的差别上。这种情况涉及的是常见的不同特点、功能和吸引力之间的取舍。价格或许不必变动。

3. 高风险。在高风险的情况下，比较将以竞争对手的报价为中心。[4]这意味着为了获胜，你必须证明你报价的卓越价值、转移成本以及其他调整因素。如果你处在这个位置上，价格必须传递出让客户做出对你有利的决定的重要理由。

   高风险是练习分流的一个好机会。这意味着，在某些情况下，更好的做法是承认胜利是不大可能实现的，它需要一个不可思议的低折扣。那样做就会带来其他风险：如果价格的市场信息是高度畅通的，那么你提出的任何低价格将众所周知并成为未来销售的标准，即便你没有赢得竞争。

   在这种情况下，最好的方法是不在价格上竞争，即使这意味着你输定了。在某些情况下，客户都会有效地告诉你，他们在心理上已经转换了供应商，例如当B2B客户"变得沉默"并且不回复你们销售团队的电话时——如果这种情况一直持续，就是一个非常糟糕的迹象。

4. 获得生意的机会。这是风险分析的镜像：是否有机会从竞争对手那里抢到生意，售价将会遭受怎样的损失？

   攻击和防御之间一个很大的区别是，你对潜在客户的了解远比对自己的客户要少。因此，你将不得不使用"代理"来应对风险。例如，我们发现对一个软件供应商来说，对竞争对手系统的众多扩展和自定义内容添加是一个好迹象，因为买家可能会发现竞争对手的系统并不是一个好的选择。

因此，价格水平的基础取决于买家的心态。当你们公司的报价是参照售价时，你可以根据你现有的报价确定价格。当一个竞争对手或者替代的解决方案是潜在客户的参考价格时，你的价格就必须适应这一基准定价。这不仅适用于价格水平，而且适用于价格结构。

> 购买决策的定价情境可能是你们公司的价格，或者情境也可能转换为竞争对手的价格——这将预示着更高的损失风险。

再次回到这个问题，一个三步骤的过程将有助于确保精确的、有利可图的定价：

- 隔离和量化风险
- 定价行为的关联（效果）
- 根据不同情景的价格反应

尽管这三个步骤和方案似乎需要大量的工作，但请考虑它们能够给定价带来的好处：

- 捕捉到的每一个细微差别都意味着消除一项不必要的折扣，或者挽回已经失去的客户或细分市场。
- 坚持在不同情境下的策略，避免价格的不必要下降。研究结果显示这能拯救约2%—15%的收入。
- 此外，一旦嵌入一个CRP工具，市场营销和销售的努力所带来的增量非常小。

使用杀伤性战术和提供产品捆绑

应对价格压力的另一种方法是隔离压力原因并消除它。通常，竞争性威胁非常具体（例如，一个竞争对手接近你最大的客户），有的对手要么利用低成本渠道（例如通过互联网的保险），要么有一个廉价和简单的产品来代替你的昂贵和复杂的产品（例如医疗诊断设备）。另一个常见的威胁是一个地位稳固的竞争对手收购其他公司以后，想赚回它的收购溢价。在这些情况下，威胁都不尽相同。即使是一个根基稳固的竞争者也要有选择地战斗，因为它需要体现出投资回报（ROI）。

要有针对性地反击。反击的情境实例中通常涉及价格水平和信息传递，但它们也应该包括价格结构：

> 消息。有选择地利用价格透明度。如果竞争对手提供非常低的价格以赢取你最好的客户，尝试将这些价格告知竞争对手的最好客户。很有可能这会惹恼那些客户："这就是对于我长期忠诚于你们的奖励？"你可以通过报价告知对方，把这些价格作为报价的一部分："为了匹配您的供应商的价格，我们目前的报价是 X 美元。"通常，这会给竞争对手造成麻烦，从而限制它对于你的客户的进攻。

> 目标。如果你所在行业的定价是由成本（例如运输成本）驱动的，那么就要在竞争处于不利地位时进行反击。确保将联动关系（即报复）的信息告诉竞争对手的管理层，使他们考虑是否应该结束问题。又一次，信息成为避免价格战的关键。

> 结构。价格攻击通常会采用固定费率的结构形式。对于当前以可变加固定结构付费和一些按照可变方案付费的客户来说，这样做是有效的。结构是攻击或者防御的关键。如果攻击者提供了一个固定费率的价格，那么你可能需要做出响应，针对受到威胁的细分市场或者客户确定相同的基本结构。但不要与之完全相同。你的响应性结构应足够相似来说明"我们也在这样做"，但差异应足够复杂，需要竞争对手花一些时间来驳斥其吸引力。

> 透明度。你需要控制价格透明度的不同部分——不需要全透明或不透明。例如，交通网络和通信网络可以提供简单的定价和复杂的定价，视情况而定。一家领先的网络设备供应商的系统结构使其在密如网状的城市内部通信系统中成为优势性产品，然而在区域间主干网络的应用中，它的表现欠佳。定价结构需要反映为：在优势性的构造下非常透明，在区域间主干网络中非常不透明和复杂。透明度是通过把不同成分结合在一起并把多个折算因子与情境相联系而实现的。

> 特定攻击。考虑对造成困难的特定产品集发起攻击。如果引起问题的是产品的捆绑，那么创造一个攻击性的产品捆绑。如果是捆绑内的一种产

品，那么针对该产品降价。对于一家领先的税务软件公司来说，创建一套"杀伤性软件包"，直接针对特定的竞争性软件包，具有保持整体价格、使包括太多组件的软件包合理化（市场憎恨包中那些他们不能使用的组件）的优势。[5]我们认为在设计对市场有效的软件包时，一般企业的能力比较差，所以你的攻击软件包如果构造适当，将可能使价格攻击和压力非常有效地钝化。

在打击价格进攻时，不要盲目地或广泛地反击。精确回击才是有效的。

认识竞争所处的层次

价格压力也来自于行业的整体演进的转变，所以我们需要把它当作潜在的引发担忧的原因。例如，许多行业进行着定价的演进：统一对所有客户的定价（例如"全国性定价"）、特定细分市场定价，以及特定交易定价。

如果你所在的行业正要经历这样一次变迁，那么你应该尽可能领先一步。在情境定价上更加精明，你就会更接近最后的定价终极状态（特定交易）。塑料制品是一个定价已经处于第三阶段的行业：每一次销售都是特定交易，取决于产品的可替代性、运输、起讫时间、可用性、成本投入等等。任何企业如果仍处在细分市场定价的基础上，就会发现自己只能赢得无利可图的订单。随着交易发展到仓库水平，特异性成为关键。

竞争层次的另一个要素是充分竞争的环境。例如，一家向会计师事务所出售二流审计系统的公司，当竞争对手不断更新和改进其产品时，面临着沉重的价格压力。针对这一压力，企业发展了采购的计量单位（捆绑），不仅包括审计手册和程序，而且也包括它的文档管理系统与相关项目管理软件。这改变了竞争的领域，所以竞争对手审计软件包的优越品质不再具有决定性意义，该公司优越的文件管理系统战胜了审计系统，因此价格压力下降，至少目前是这样。

如果你能改变竞争的层面，那么价格压力就可以降低。例如，彭博社（Bloomberg）运用电信或硬件避开信息捆绑，从而战胜了当时的金融信息服务商科特龙公司（Quotron）。这一做法突出了核心信息的功能，并且让彭博社取胜。我们发现这类的分层随着新兴产业的成熟已经很常见，而以前的市场创造者在技术和定价方面趋于落后。

另一个策略是降低可比性。买家非常擅长比较类似性，如产品对产品、服务对服务的比较。将产品和服务混合，就使得做比较变得很困难。所以如果你们公司在产品方面正面临压力，对一个产品增加一种无形的内容，就可以使比较钝化。例如，在抑制价格压力时保修有时是有用的。沃尔沃、大众和其他汽车公司，都通过"终身"更换消音器的保修服务投入了售后竞争。近距离观察这些方案的细节，你就会发现其中有大量的例外情况，但该方案有助于将置换业务保留在自己的经销商处。

> 战斗发生在什么层面上？定价情境是在交易、细分市场还是国家的层面？是产品还是产品的捆绑？

小结

你越是关注价格压力，顾客的力量和竞争性举措等坏家伙就似乎越兴盛，主要是因为有人敞开了大门，让小偷进入了大楼。有时候，对于为何存在价格压力这一主题，更多的解释是缺少对产品的理解和定价的精度。很多时候，仔细观察买家如何做出决定，将会提示避免价格压力和竞争缺陷的方法。

注释

1. 英格兰国王哈罗德·葛温森（Harold Godwinson）通过大叫"让我们只杀死身上潮湿的维京人！"而击败了一次重要的维京人入侵，他的意思是解决问题的时间应在他们充分上岸之前。斯蒂芬·利普顿（Stephen Lipton），一个全球金融服务外包公司的首脑，同样评论说时间把握是重大外包服务的制胜关键。当潜在客户首先考虑外包的概念时，与他们的对话是最有效的；同样，与现有的客户进行类似对话时，只有先于竞争对手向他们提出有力的报价，才是最有用的。
2. 一个在B2C业务中也采用相似观点的例子，是强生公司的婴儿洗发水业务。在这一案例中，竞争对手提出了一个应用专门化的产品，所以强生公司在它所了解到的新公司想要锁定消费者的所有地方，都提供优惠券和进行促销。由于优越的市场知识（这通常是现有公司的优势）和雄厚的财力，它终于占得先机，新公司最终放弃了。要了解更多内容，请参见第十四章关于如何构建风险模型的部分。

3. 在某些情况下，反垄断诉讼或其他非价格行为也许是答案。通过对许多研究结果取平均值，我们发现，因为价格而存在流失风险的客户很少超过24%。这一数字通常要比通过调查或销售代表所得出的预计更低。为什么呢？调查往往是有缺陷的，受访者在和他们耍花招。这也同样适用于销售代表的意见。

4. 这方面的证据来自于成功（失败）和价格差异的逻辑回归分析，并由数百次的买方采访所证实。注意，在预测取得获胜的可能性时，你需要翻转价格的 δ，才能获得正确的 Logit 模式结果。

5. 虽然军方并不以优秀的定价或产生利润而闻名，但它是关于如何专注于打击你的竞争对手的一个很好的角色模型。冷战期间，美国和苏联海军开发出集中的跟踪策略。在每艘美国航母旁边，苏联都会驻扎一艘巡洋舰以便在发生战事时击沉航母。美国继而在苏联巡洋舰旁安置几艘驱逐舰，以便在发生战事时击沉它。在一些实战演习中，苏联部署了更小的鱼雷艇以击沉驱逐舰。虽然这被一些观察家嘲笑，但它展示了一种对于特定威胁的无情专注。

第二部分　诗人和追逐利润最大化者的定价

第 六 章　价格结构

> 我的新书就要出版了。它和常见的书一样很垃圾，但它的价格也很便宜。这就是我们要打动你的地方。
> ——约翰·列侬，甲壳虫乐队的圣诞信息，1965年

价格结构，有时也被称为价格模型，是将活动量化为金钱的东西。结构也可以被定义为，你出售自己的服务或商品的条件。一个简单的"统一售价"的价格结构是以特定的价格标签对所有权的转移。其他价格结构较为复杂，并可以被看作是"公式"，通过它交易将带来现金流。更复杂的销售可能具有平价销售的成分，加上价格变动的成分（根据单位、输入、事件、行动等变化）。

卖家经常以内部便利的名义，忽视他们市场的价格结构偏好。我们经常看到的证据表明，市场中的某些部分希望在一个特定的结构中购买商品和服务，但计费系统、营销计划的构建或赢利计划的量化并没有依此设计，所以卖方忽略了买方。

如果市场上所有的供应商均忽略了一种特殊的定价偏好，那么在标准的公司市场跟踪中，这种价格结构不匹配带来的危害显现得并不明显。市场可能比它本可以

实现的要小，但这很难证明。当然，它不会出现在财务报告里。

但是，如果一个主要供应商打破常规或者大量的新进入者进入市场，市场往往会奖励该供应商，提供给他所要的东西。我们的经验是，当证据表明一个细分市场更喜欢特定的价格结构时，大型公司通常会一笑而过；只有当市场份额正在低速流失的证据浮出水面时，它才开始缓慢地跟随潮流，支持价格结构变化的主张。[1]

管理者对他们的价格结构充满信心的例子包括电话（直到预付卡的出现）、音乐（直到 iTunes 的出现）、保险（直到 GEICO 的出现）和出版（直到电子阅读器的出现）等。这些例子既包括消费品也包括工业品。

要了解更深刻的例子，可以看一下移动电话（手机）市场。多年来的传统看法认为用户想要的是一揽子价格方案，因此管理者考虑的是独立于价格结构之外的顾客流失率和压力。当 AT&T 公司推出"累计通话时间"的时候，行业权威人士嘲笑这一做法为噱头，并没有意识到它代表的是定价结构的重大转变。累计时间有效地转变了月度固定费率（按分钟）方案。总的来看，它相当于一次根本上的价格变化。

为了了解为什么说这种条件变化非常重要，请考虑客户的呼叫量，特别是中等水平的用户使用量，在每个月的变化。这意味着对许多客户来说，他们的资费方案在某些月份因为超出分钟限额而显得过于保守，而在某些月份又因为根本用不了而显得过于浪费。将多余的分钟加入后面的月份会将顾客认为他们正在被迫支付在许多情况下根本就不会使用的分钟费用的想法扭转过来——为未使用的服务支付费用对买家来说是不受欢迎的。

图6-1说明了累计结余是如何运作的。使用的分钟数被表示为一个波浪（锯齿）线，而固定分钟的定价方案表现为一条虚线。因为它显示在低用量月份结余分钟加入高用量的月份之中，因此消费者发现，累计的分钟使得固定用量方案转变成了可变用量方案。

AT&T 公司这一方案的好处是实质性的。瑞士信贷（Credit Suisse）在《全球品牌投资策略报告》中称赞了这一方案，并将 AT&T 公司用户的增长部分归功于它；其他分析师则把这一方案看成是防止客户流失的堡垒。[2] 在这两方面，它都是一种能够使创新公司受益的价格结构创新。

结构推进市场份额转移在工业中的一个例子是喷气式发动机。市场份额排在通用电气公司之后的劳斯莱斯公司，开始在"按小时计费"的价格结构下出售发动机。因此，不是向航空公司出售价值200万美元的发动机以及所需的零部件和服务，它计划以6,500万美元的价格销售（比如说）100小时的发动机运行时间，可以用于若干飞机上，包括这些小时中发动机的所有成本。[3]

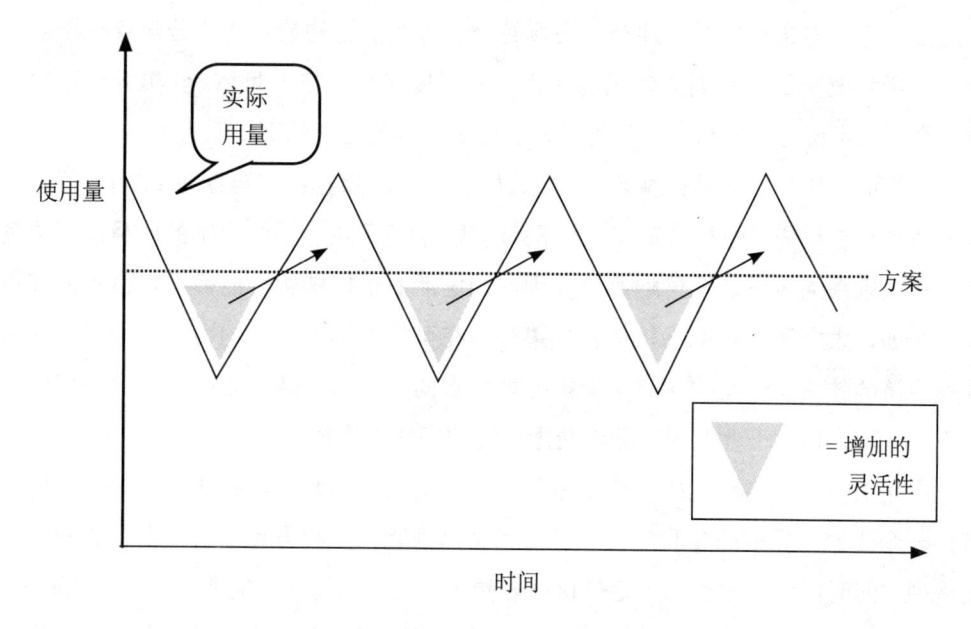

图 6-1 对累加时间如何将固定资费方案转化为可变资费方案的说明

该计划已被证明对劳斯莱斯来说非常成功，而且它已经推出了发动机的几个系列产品。客户也对新的价格结构很感兴趣，因为它比简单的销售更符合他们的需求。买家的市场选择是可变的输出而不是采购设备的另一个例子是太阳能——一个供应商成功地从销售太阳能电池转向销售千瓦。

价格结构必须反映买家想要采用的购买方式。市场份额的提高和客户流失的减少是率先适应市场价格偏好的公司获得的奖励。

价格结构的基本原则

根据多项价格研究我们认为,很少有公司能对市场施加单一的价格结构。如果供应商的方案与市场需求相冲突,市场终究会赢的。结构最基本的分歧存在于固定价格(不管成交量,逐期支付相同金额)和可变定价(按量付款)。卖方也可以提供一个两种定价方式的组合。每种结构在什么时候是合适的呢?

其中的规则是:大宗购买者经常想以一揽子价格购买("自助餐式"),低量购买者通常想在可变的价格方案("按杯算酒钱")下采购。不同组别的成员都很清楚自己是大宗采购者还是低量购买者,因此相信他们根据结构可能会支付得更多或更少。例如,大宗采购商似乎相信,如果被迫在可变方案下购买的话,他们将被剥夺规模经济的效益。低量购买者可能担心如果混同在大宗采购商之中以一个固定的价格方案采购,相对于他们的实际消费量来说他们的价格将过高。[4]

市场上价格结构原则的一个要素是,价格结构必须经常与销售量相关联。但还有另一个要素:卖家的赢利能力。经济学文献表明,在卖方可以实行两部收费(也就是说,同时以可变价格和固定价格征收费用)时,他们往往能够获取更高的收入。这是因为第二项的固定收费能够使卖方攫取"交易收益",即我们在大学课上记住的供需图示中的三角形部分,[5]如图6-2所示。

所以卖方应该寻找机会,在两部收费的条件下销售,以实现利润最大化。通常拥有市场支配力的卖方会这样做,直到市场支配力消失:

> 在竞争出现之前,租车公司按照行驶英里数(可变)和租赁天数(不变)收取费用。现在它们只能按天收费,以及收取一些金额很小的(并且不断变化的)附加费用。
> 在竞争变得激烈之前,电话公司的资费是按照距离长度和时间设定的,现在它们只采用统一价格。
> 在放开管制和竞争出现前,银行收取统一费用(例如最低结余、收取年费)和与金额有关的费用(例如电子转账、借款金额),而现在通常只

采用一种方法。

一个幸运的卖家能够实行两部收费机制。但卖方期望的利润最大化有时也会因为大部分买家期望尽可能地减少购买量而被抵消。

顾客关心结构吗？通常经验不太丰富的买家会说，他们只关心最终的价格水平。虽然这可能反映了他们思考问题的角度，但它不是一种非常精明的购买方法，可能不会反映他们的最终行为。

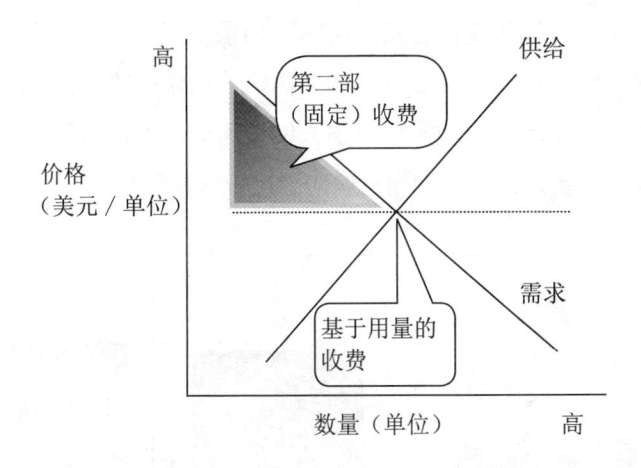

图 6-2　从增加的第二部收费中获得的收益：
为什么两部价格收费可以获取更多价值的古典经济学图示

当在两部收费制下购买时，应支付的最终价格往往是一个谜。如果你以每天60美元的价格租用车辆一天，那么很明显你要支付60美元。而如果你以每天45美元、每英里32美分的价格租一辆车，最后的账单将会怎样就不那么明确了。这就是追求成本最小化者会避开两部收费制的原因之一：他们如果不能预测成本，那么保证成本最小化的难度就会很大。因此，追求成本最小化者青睐单一费率价格，因为其具有明确性和可预测性。

建立价格结构时，要平衡你与买方的市场支配力。

把这些市场规则集合在一起，你可以想象一个高层次的架构或路线图，指出价格结构与买卖双方互动之间的联系。有些出乎我们的意料，我们发现所有市场具有显著的一致性，与高层次的路线图相匹配。该路线图是基于两个基本情境要素：你的竞争实力和预期购买量，如图6-3所示。

现在开始阅读这一路线图，从左到右，评估你的客户的价格敏感度。如果你没有市场支配力（即买家将倒向其他供应商），你必须采用简单的固定定价或简单的可变定价。而如果你具有市场支配力，你应该确定两部定价结构（图的左边）。

然后，你必须考虑客户的购买量。大宗客户能在相对固定的方案下购买吗？小客户或小批量买家能够以可变的方式采购吗？如果不能，请考虑提供每种客户希望的价格方案，这样他们可以购买更多。如果你们公司没有市场支配力，就向大宗客户提供一种纯粹的固定计划。如果相对于大宗采购者，你们公司有巨大的市场支配力，那么采用两部收费，但分割时要更偏向固定价格收费。

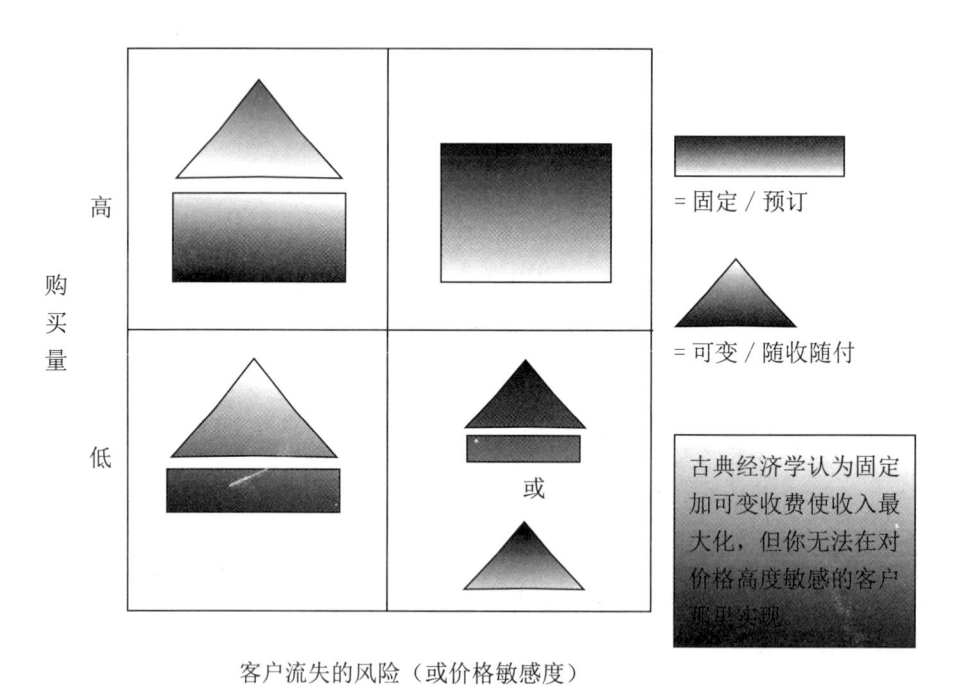

图 6-3　客户价格结构：汇集买方和卖方的结构偏好

例如，与之前的例子相呼应，你可能以每月固定费率的方案或按使用次数计费的方案，授权使用商品的云计算软件。只要稍有市场支配力，你就可以在每次使用价格之上，添加少量收费，也可以在固定价格方案之上增加一些可变费用。如果有更多的市场支配力，平衡的两部价格结构是最佳的。

根据你的市场多样性，你可以选择在一个结构（同质市场）下销售，或者你可能需提供所有四个版本的固定（可变）定价结构（多元市场）。如果可能的话，尽量根据买方的购买量及偏好的结构进行调整——不必要地阻碍买方偏好不会带来任何好处。如果让客户满意是你们公司关注的问题而且你还没有向客户提供路线图中所表明的价格结构的话，那么考虑一下在你的市场测试这样的价格结构。

当一个公司拥有市场支配力时，它将执行两部收费系统。当它没有市场支配力时，它只提供单一的一部收费方案。这背后的管理逻辑是直观的：当卖家拥有支配力时，他们控制价格结构；当买家有支配力（选择）时，他们消除令他们不快的结构，青睐简单的价格比较。

结构元素

我们已经勾勒出一个强大的结构框架，那么接下来的问题是：上述的一个或两个收费要素又是由哪些元素构成呢？毫不夸张地说，价格结构的备用选择数以百计。然而，我们总结出八种元素作为起点。

图6-4中列出了这些价格结构元素。该图还显示了不同元素是如何相互联通的，因此在这个意义上，你可能还需要考虑得更多，例如你的费用扣款是否可能关系到你是以固定还是可变的基础收费。另一个例子是，吸引买家增加购买量的技术结构使得更积极的引导策略变为可能。

公司往往专注的结构元素太少。有时候，折扣和促销是经理们唯一的关注焦点。精明的公司会利用全部价格元素。例如，通用电气公司的主席最近告诫他的经理们要更注重售后经济学，例如风力发电和替代能源的税收优惠和政府补贴。

正确的结构所带来的回报是双重的——销量增长和价格水平。这并不让人惊讶，因为定价是与企业收入相关的，而更大的市场成功和最优交易价格是最常见的两种定价目标。

"购买单位"的变化

"收费单位"对改善收入往往有未被开发的潜能。让我们来看看几个购买单位变化的例子及其带来的结果。

第一个例子：一个在线 B2B 服务提供商把价格结构由单一用户价格变为两种价格："长期用户"和"短期用户"。两者之间的界限是基于用户的在线时间。这两个层次使服务提供商从偶尔使用的用户身上获取收入，否则谁也不会认为他们值得拥有自己的用户 ID，同时这样做还可以对大量使用的用户制定稍高的价格，因为他们从服务中得到了更多的价值。

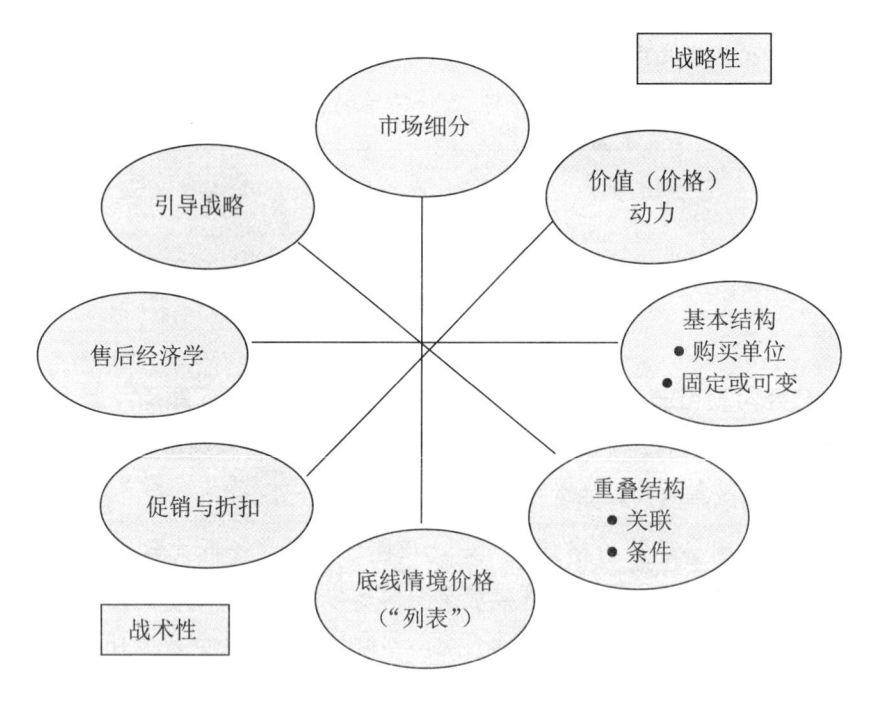

图 6-4　结构"雏菊花"：价格结构和常见联动的主要分类

在这个案例中，塑造了买家的满意度的情境是价值和平均用户价格的公司内部比较。当你以内部顾客的观点来看的话，单一的价格往往对一些用户是非常不合理的——基于单一定价（平均价格），用量小的用户所支付的费用超出了从服务中得到的价值（在本案例中，通过使用时间测量）。但用量大的用户获得的超额价值事实上并不能完全抵消表面上的不公平——超额价值在总体满意度中，往往不如价值不足更为突出。无论是整体的公平与否，价格和价值之间的缺口将得到关注。这种关系如图6-5所示。

价格计量单位总是能提示我们买家对价格的看法，然而很多时候它却被当作理所当然而且长期僵化不变。当价格单位在你们公司中运行正常时当然无所谓，否则就需要纠正。无怪乎对于最看重它的买家来说，价格单位的选择已经成为他们选择时默认的比较要点。

对于B2B在线服务提供商来说，转向两种定价单位的好处包括减少客户流失率，以及从不改变购买的价格单位的竞争者手里攫取一些新客户。这种结构变化的长期结果是长达五年的增长趋势和38%的年复合增长率（CAGR）。价格结构是在该段时间内供应商收入和利润增长的最重要的推动力。

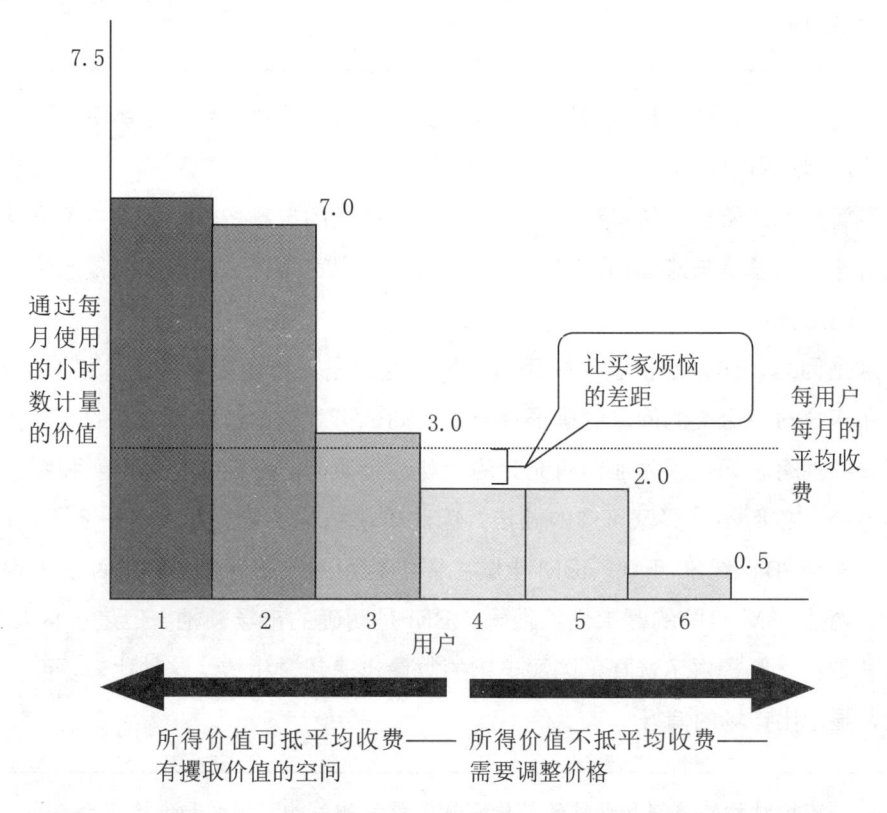

图6-5 每用户平均收费的价值比较：单位与成本内部感知之间的匹配

第二个例子：一个大型工业特种化学品公司以桶为单位出售产品，并且以容器、技术支持、储存、运输、销售援助等形式，向用户提供非现金支持。销售以"美元/桶"为单位签订长期合同。研究结果表明，某一类型（细分市场）的买方会反复要求大量的非现金支持，然而购买量与卖方的销售量预期相差甚远。这样的细分市场，价格和利润都会低于目标。

通过在表现不佳的细分市场将非现金（固定的）服务从每桶（可变的）服务中分离出来，供应商解决了自己的定价问题。它的价格谈判从中受益，因为在新的方法下供应商对于买方描述的购买预期相对冷漠。由于这种问题在细分市场上很容易辨认，这种做法很快就被大多数该行业的从业者采纳。利润率提升了4%以上，这在该行业是相当大的幅度。

采用适合你所在市场的价格结构，可以对市场份额和价格水平带来实质性的回报。

价格结构帮助企业赢得市场。但拥有更好价格结构的公司总会赢吗？不，更好的结构通常是由市场涨落和比较贴现来衡量的。

尽管更好的价格结构将帮助一个公司获得最大的市场份额，但这并不意味着最好的价格结构总是与最畅销的产品相关。为什么呢？为什么我们要测量趋势，而不是最终的结果？

这是因为，作为定价者，令我们大为懊恼的是，市场要求的比价格结构更多。产品和竞争对手之类的问题的确很重要。例如，可下载电影和音频书的大多数购买者都喜欢拥有它们，因为他们有充分的权利进行复制。然而这不是电影和图书上市时的性态，故而不是买家可选的做法，因此价格结构不发挥作用——还不是时候。同样，直到20世纪80年代，IBM电脑主要是租用的，尽管市场中的许多人都愿意购买。对于IBM电脑的需求仍然很大，IBM是明确的市场领袖。但是自从IBM在租赁和购买之间提供了选择，购买电脑的数量迅速超过租赁。这种比较，而不是绝对量，显示出市场的偏好。

市场结构的偏好和结果的最佳衡量手段是相关购买模式和价格压力差异。

小结

结构是情境定价的核心，是获得长期有效定价结论的公式准则。价格水平的变化可以瞬间让你的收入提升，但这种选择的大门并非永远对你们公司敞开。价格结构的改进通常是一个可选项，因为许多市场非常缺乏合适的结构。寻找市场挑战应对方法的经理们，总是可以使用结构作为改进的杠杆。

注释

1. 当然，有时该行业的其余成员将不以创新者为榜样。如果创新有利于你，这样做是可以接受的；但是如果创新举动不受欢迎，例如，试图规范市场时，这样做就是不好的。AT&T 公司的用户数据使用限制到目前为止未被效仿，并被称为一场公关灾难。AT&T 公司本来可以尝试更为渐进式的策略：开始时采用松散的组别，并最终让用户逐渐适应。突然的分组引起对改变的注意，从而形成了不利的情境。
2. Credit Suisse, "Great Brands of Tomorrow," March 30, 2004。一个博友在 Applease 网站评论道："关于 AT&T 公司，最好的东西就是累计分钟。"
3. "'Power by the Hour': Can Paying Only for Performance Redefine How Products Are Sold and Serviced?" 见 knowledge @ Wharton, February 21, 2007。过去作为产品出售、现在可以作为服务购买的其他例子还包括电力。"Pay for the Power, Not the Panels," *The New York Times*, March 26, 2008, p.H1. 将过去的产品变为服务是一个不断扩大的现象。
4. 注意小型用户需求的可变性和大用户需求的一致性，这与偏好的分歧是一致的。用户（买家组）通常有更可预见的需求，因为"大数定律"意味着个人使用的波动将相互抵消。
5. 好吧，我们中的一些人。如果你的记忆是模糊的，请看 Walter Y. Oi 的伟大文章："A Disneyland Dilemma: Two Part Tariffs for a Mickey Mouse Monopoly," *The Quaterly Journal of Economics*, vol. 85, February 1971, pp. 77–96。

第 七 章　　科学捆绑和分层

> 一个新的科学真理照例不能通过说服对手表示信服而获胜。恰恰相反,只能是等到对手们渐渐死亡,而新的一代在成长过程中开始熟悉这一想法,新的科学真理才能得以贯彻。
>
> ——马克斯·普朗克,1949年

将多种产品和服务合并到一个单一商品的做法称为捆绑,很少有定价和产品任务比捆绑更为重要。技术和成本削减正在创造一个新世界,在这里许多客户目前更喜欢这种完整的解决方案,而这一需求必须被满足以保持各公司的竞争力。同时,捆绑是迅速创建独特报价和捕捉产品差异性好处的方式。

很少有定价行为像捆绑那样对情境敏感。这是因为捆绑实际上构成了对潜在买主的直接问题:"你想买这些产品组合吗?"然后买家问自己现在是否真的需要所有捆绑元素;如果答案只是"也许",那么他们需要怎样的回报来扩大购买量?

捆绑的构成有哪些？

虽然许多管理者把他们的市场商品当作单一的产品或服务，但通常它实际上是一个产品和服务的组合。每一个市场产品都是一组捆绑。有时严格区分的成分列表将让产品管理层大吃一惊。例如，一家行业领先的生产植入式避孕装置的产品管理者肯定地说，捆绑是不可能的，也是不合法的——违反了FDA法规。然而，事实上，市场上很多商品都是众多的服务捆绑，其中每个都可以被调整优化以适应妇产科买方细分市场的差异。

考虑一种产品时，请注意现有产品很少有不提供支持、不具备融资或者付款条件、不进行运输、没有包装、没有担保等问题，因此，生育控制装置实际上是由许多成分组成的，包括有形的和无形的，如在图7-1所示的对一个单一"产品"的分解。

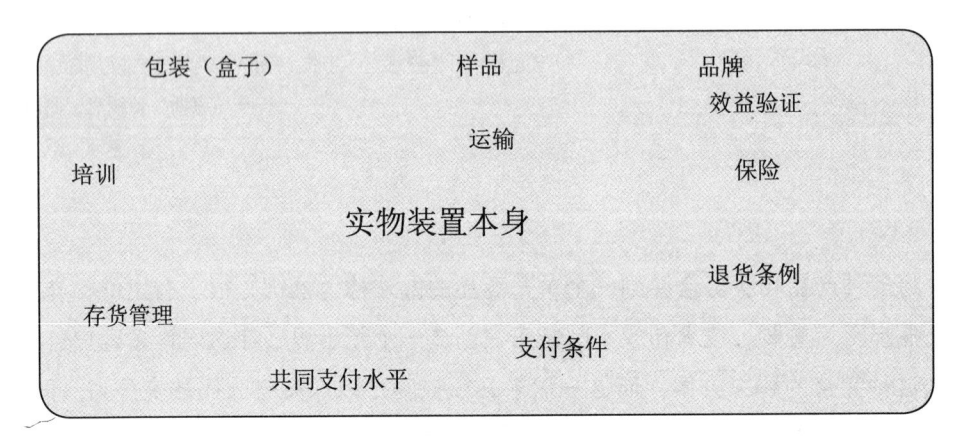

```
┌─────────────────────────────────────────────────────┐
│   包装（盒子）          样品             品牌        │
│                                         效益验证    │
│                        运输                         │
│   培训                                  保险        │
│                     实物装置本身                    │
│                                         退货条例    │
│   存货管理                                          │
│                        支付条件                     │
│            共同支付水平                             │
└─────────────────────────────────────────────────────┘
```

图7-1　避孕装置：几乎所有产品和服务都是捆绑的并且提供管理选择

了解成分的主要优点是，它拓展了探讨范围与战略选择。如果你把产品捆绑当作是不可分的，那么要使价格适应情境或市场细分就困难得多。所以仔细考虑捆绑通常可以将讨论从仅为价格水平问题，上升为给买方提供更加灵活的市场工具。

例如，在避孕装置的案例中，可能有许多重要的经济变量。虽然这种装置本身无法为不同的买家细分市场而改变，但捆绑的其他部分可以，例如盒子。为了区分小批量买家和大批量买家，制造商可以把盒子做得非常大或非常小。太大不好，因为它占满了存储壁橱。对于大批量买家来说，只有第一批盒子或许较大，剩下的可能却很小——盒子体积背后的依据是第一批的几盒需要大量的产品文档，而后面的盒子里可能要少得多。这是体积价格歧视的一个完美借口。同样的方法也适用于船舶、样品、效益验证、共同支付水平和"捆绑"的其他元素。尽管营销可能认为这是出售单一产品，但实际上这是一种产品捆绑——而这样可以进行更好的价格定位。

当你仔细考虑时，几乎每一种商品都是捆绑。

定价本身也可以把以前独立的销售结成捆绑。例如，一个领先的住宅地板供应商知道，他可以通过一系列方法向开发商推销产品。传统上，地板是单独出售或者根据色系出售的，采用 FOB 条件。[1] 它们也能以货车荷载为单位销售，或以新建住宅区为单位（一个根据具体项目确立的"全包"合同）销售，甚至通过在一段时间内开发商要求的合同进行销售。

随着捆绑的逐步增加，定价机制也发生了改变。当以色系购买时，卖方发现当地家得宝公司（Home Depot）的特价会蚕食它的销售。更糟的是，公司的声誉会因为劣质替代地板的表现不佳而存在风险。当按对方要求销售时，购买便宜的地板不会给厂商带来任何好处——生产商的地板边际成本为零！

捆绑成分应该是互补的

捆绑的产品是由我们所称的"胶水"粘在一起的。[2] 这个"胶水"可以采取价格、产品整合、促销或渠道的形式。例如，涉及乘坐飞机和住宿酒店的旅行可以通过旅行社将这四个方面都捆绑在一起：一个价格、一次旅行、共同促销和联合销售（"硬"捆绑）。捆绑也可以很有限：在你通过航空公司（独立）预订了航班之后，你可能会被问及："届时你还需要租一辆车吗？我们是否可以把你的电话转给一家出租汽车公司？"在这种情况下，唯一的联系是渠道，所以黏合力较小（"软"捆绑）。

在一般情况下，黏合力较小的捆绑风险也较低。硬捆绑的成功率是很低的。这是因为买家需要看到捆绑购买的好处，捆绑需要正确的定价，并且捆绑需要的确起作用。后一问题有时被低估，但请记住，汽车+汽车收音机的组合经过多年尝试都没有成功，直到一个被称为摩托罗拉的小公司开发出一种滤波器，可以剔除无线电接收器中汽车发动机的电子噪声。

在这一案例中，汽车＋收音机捆绑中的核心（主要推动力）当然是汽车。经验表明，绝大多数的产品捆绑都具有一种结构，或者称为分类法，其中包括一个核心（促进购买的主要推动力）和附加项。因为消费者知道他们无论如何都会购买核心要素，他们通常会在附加项上寻求折扣。[3] 如果这些成分没有适当的折扣，捆绑就会失败。

为了实现捆绑的可行性，大多数捆绑都可以基于核心＋附加项的分类法进行分析。图7-2显示出这样一种结构，在这个案例中考察的是有线电视服务包。

在这一图示中，核心是普通的老式（线性）视频节目。大部分的附加项，如收费频道，通常被视为核心的补充，所以只有通过适度的折扣它们才能为买家所青睐。

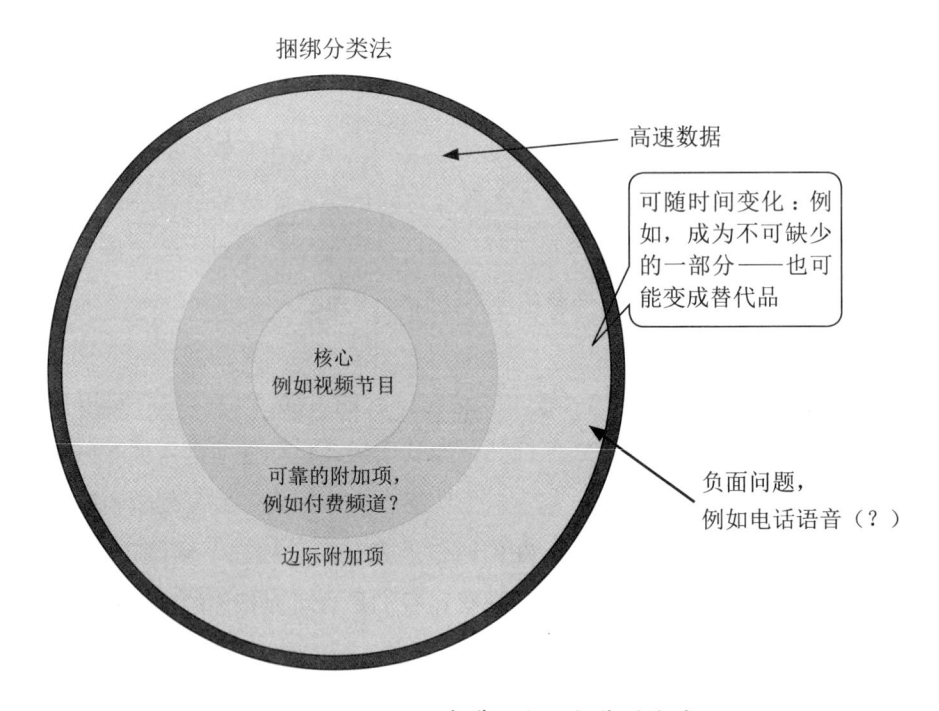

捆绑分类法

高速数据

可随时间变化：例如，成为不可缺少的一部分——也可能变成替代品

核心
例如视频节目

可靠的附加项，
例如付费频道？

边际附加项

负面问题，
例如电话语音（？）

图7-2 视频＋宽带＋电话捆绑的分类

对于定价者来说，非互补的捆绑元素通常很重要。在所示图中，一项非互补的元素可能要数固定有线电话。有线电话（VoIP）在一些（高端）买方市场看来并不是很好的附加项，因为他们不信任有线公司的电话服务——对他们来说，这可能是一个不

必要的组成部分。高速数据今天被视为对视频的一项补充，但是，如果网络电视（例如 Netflix 和 Hulu）成为首选的话，情况就会发生变化。届时视频和高速数据可能从补充摇身一变成为替代品，因为许多客户可能认为他们只需要数据服务。

> 几乎所有的捆绑都拥有一个驱使细分市场购买的核心组成部分。为了设计捆绑和进行定价，你必须确定这一核心。

前瞻性的捆绑者如何预测买家将对于捆绑的评估？一种方法是检查可用于捆绑的候选组件的独立购买，以便将它们合成产品捆绑。第一个问题是：这些候选组件是相互补充还是相互替代？

捆绑只应包含互补品。你需要确保只有相互协调的元素才可以捆绑在一起。如果将替代品进行组合，理性的买家会看到他们被要求为冗余组件付费。这样的商品会被市场拒绝，或是付出更高的捆绑折扣作为严厉惩罚。这就是小型载货卡车＋拖车连接器（补充）而不是火车票＋机票（通常是替代品）是成功的捆绑的原因。

令人惊讶的是，直觉有时并不足以评估两个可能的捆绑组件是互补品还是替代品。威瑞森公司提供捆绑的选择呼叫功能，包括来电显示（CID）和返回呼叫（*69）的功能。虽然从表面上看，它们似乎是互补的（一个让你知道是谁打电话，另一个可以让你通过敲入 *69 来拨打之前的电话），但事实上它们的使用方式非常相似因此被潜在买家视为替代品。包括这两种产品的产品捆绑往往市场收益率很低，因此威瑞森公司意识到了问题。

如何从客户的角度把"类似"的操作相捆绑？举例来说，百货商店通常通过经济层次来促销类似的服装。一个时装模特通常会有衣服、衬衫以及同属一个时尚层次的手提包。当一个商店愚蠢地把一顶 500 美元的帽子放在 100 美元的帽子中间一起展示时，那顶昂贵的帽子由于顾客的试戴迅速磨损，但却没人买走它。这种促销展示错误地捆绑了替代品，而不是互补品。[4]

指示不同组件是互补品还是替代品的衡量标准是相关性。相关性将会表明不同的捆绑候选品是否易于一起出售，或者是否一个通常会影响另一个。当 A 产品销售量的增加与 B 产品销售量的增加有关时，这就是互补，将表现为正相关关系。[5]

请注意，捆绑互补性的更可靠的衡量标准是销售的相关度，而不是交叉销的百分比：如果你的销售计划非常强大的话，你可以有快速上升的交叉销售，但却没有形成真正的互补。换句话说，以善意初衷和价格压力为代价，一个强大的卖方可以迫使客户接受欠佳的捆绑。这就是捆绑的有效性通常需要长时间衡量的原因了。如果一次捆绑与市场份额的下降或折扣的增加有关，那么这就是一个糟糕的捆绑。

捆绑应仅包括互补品，而非替代品。

捆绑的价值是什么？

众所周知，产品捆绑通常以捆绑组件独立售价总和的折扣价格进行销售。如果你把一个软件程序+培训捆绑销售，那么合并的价格可能会低于每件单独出售的价格总和。其中一个原因是，不是每个人都想要产品捆绑，在某些情况下许多买家都不确定他们是否会用到这两个组件。因此，要让购买者购买捆绑商品的话就必须打折。这意味着当从独立销售变为捆绑的一部分时，情境变化了，通过某种神奇的变化，一些捆绑组件的市场价值会立刻发生变化。

折扣对于商家来说可能是一个合理的成本。你们公司可能愿意以20%的折扣为代价，获取渠道效率或扩大销售范围。如何计算捆绑折扣呢？在某些情况下，相关度的运用也可以作为一个捆绑组件在市场上的捆绑价值的衡量标准。一般来说，一个给定的捆绑组件可以根据以下公式计算出价值：

捆绑组件价值 = 组件单独销售的价值 × 与核心捆绑组件的相关度

因此，如果普通可乐和健怡可乐之间的相关系数是0.9，当独立销售时，每种可乐的售价均为每加仑9美元，普通可乐是捆绑的"核心"，那么由两者构成的捆绑应该是：

捆绑的基准价 = 普通可乐@每加仑9美元（9美元×1.0）+ 健怡可乐@9美元×0.9 = 9美元 +（0.9美元×9）=

每份捆绑（2加仑）17.10美元

这种逻辑是科学捆绑定价的基础。它将淘汰捆绑中产生负贡献的组件。所有组件价值的加总再进行一次削减就是捆绑的市场价格。

> 当从单独销售到成为捆绑的一部分时，一些捆绑组件的市场价值将立刻发生变化。被包含在捆绑销售之中时，组件的新价值有科学的方法进行估计。

捆绑的不匹配和错误

寻找新的方法来捆绑你的产品和服务是非常值得的。捆绑可以增加市场份额，降低损耗，提高效率。然而，这其中也潜伏着陷阱——因为捆绑越新颖，捆绑失策的危险就越大。有两个特别的危险：捆绑中各种元素的不匹配，和商品的错误定价。如果捆绑中包括没有人真正需要的元素，那么客户不会在没有很大折扣的情况下购买。同样，如果一个公司将产品或服务捆绑但没有充分地考虑过价格问题，其结果往往是定价严重偏高或偏低。

在帮助客户进行捆绑销售时，我们发现一般来说，导致不匹配和错误定价的主要有四点营销错误：

- 未能创建用于特殊用途的捆绑
- 捆绑范围过大
- 使用分层而非捆绑
- 未能创新捆绑的定义

错误有时候是明显的，但经常的情况是，核心产品越成功，其支持性捆绑组件就越达不到优化，虽然它们看起来是成功的。[6] 我们将考察每个类型的错误；反过来，这些错误也展示了情况是怎样变得糟糕的，以及应如何处理。

未能创建用于特殊用途的捆绑

捆绑可能有非常不同的目标。捆绑的使命可以包括减少客户流失，取代竞争对手，使竞争对手的定价与己无关，提高渠道效率，或者是阻止新进入市场的竞争者侵略性的价格行为。这些不同的目标通常需要不同的捆绑结构；公司甚至可能会希望准备好一系列的捆绑，以应对各种特定的竞争情况。我们将着重考察两个特殊用途：用于攻击的捆绑和用于防御的捆绑。

攻击捆绑。一个攻击捆绑旨在取代竞争对手；为了成功，捆绑必须优化现任供应商的价格（价值）主张，通常是通过更低的价格。价格自然也必须考虑转换成本，但仍要保持长期赢利能力。这一点可以通过设计更好的、更精简的核心用户捆绑来实现；而现有厂商经常分心去试图扩大捆绑，以吸引边际（额外的）用户。

例如，医疗保险公司增加了很多功能服务，以使它们的保险项目满足所有要求。一个有趣的例子是针对想减肥但却无法控制饮食的被保险人的"胃转流"手术。这种昂贵的手术通过缩短肠道来减少食物吸收。尽管一些被保险人觉得这一服务非常有用，但对许多人来说它完全没有必要。这就意味着对于大多数细分市场，一个新的保险要约能够去掉胃转流手术而不引起大量关注。同样，一种新的汽车保险可以删除拖车服务或法律支持而不引起大量关注，而笔记本电脑系统可以只提供最小的电池容量。这些措施将降低成本，从而使较低的价格成为可能。一个较低的价格是有竞争力地争夺许多客户的切入点。在现有厂商强调关注边际用户（但也许只是口头上）的同时，给核心用户他们想要的东西，这往往是一个成功的进入策略。

值得注意的是，较低的价格不是一个折扣；它仅仅是报价更低而已。这种报价方法背后的基本依据是双重的：

> 许多用户可能永远不会需要增加的功能，但会欣赏较低的价格。
> 那些需要这些服务的人们可以稍后将它们添加回来。

攻击捆绑通常集中关注核心组件，可能删除低价值的"附加"捆绑组件。

防御捆绑。另一种类型的捆绑从性质来说是防御性的，通常由市场领导者和现有厂商所采用。通常，市场领导者必须阻挡新进入者；在这一过程中，他们有着大量的选择，要远远超过他们通常意识到的选择范围。其中这样的一个选项——我们称之为"熊抱"——在阻止新进入的竞争者继续为客户提供较低的价格时特别有用。

"熊抱"的目的是让竞争对手商品的价值下降。例如，在一个公司治理软件平台市场，企业通常购买十几种核心服务，而现有的软件商提供所有的服务。新进入者采取了以更低的价格提供更少的服务——只有三项核心服务——的策略。

在新进入者进犯后，现有的软件商通过向客户提供"自助餐式"的捆绑，成功地捍卫了自己的市场。这个定制的捆绑包括了该客户购买的所有现有服务——但其价格等于与竞争对手的产品不重叠的相关产品的完全市场价格 + 与新进入市场的厂商重叠产品的优惠价格。换句话说，如果一个大客户从你们公司购买 A、B、C、D 产品，并向竞争对手购买 E 产品，那么新的价格将包括所有五项商品（A、B、C、D 和 E）的价格，而不是旧的价格（A、B、C 和 D）。

向客户开具的防御捆绑发票，显示了对于重叠服务的低于竞争水平的定价。这种捆绑是难以抗拒的，而且收入可以稳步增长。因为该报价只是有选择地提供给那些大型客户——这些客户已经将采购在现有厂商和新进入厂商之间进行了划分，因此它不会带来其他客户的比较，也不存在价格整体下降的危险。这种定价给新进入市场的挑战者传递了强烈的信息，让他不要染指现有的客户关系。更为重要的是，新进入厂商不能报复，因为捆绑产品的范围要比其所提供的产品范围更宽。

许多公司针对低价格的有竞争力的商品做出回应，将一个相对弱势的产品与一个更强势的产品相捆绑。这是不好的做法。与全面的"熊抱"不同，此类捆绑往往因为糟糕的组件匹配或弱势产品相对强势产品的比率太高而被错误定价。如果捆绑价格不能准确反映出捆绑组件的价值，那么——像一双不合适的鞋子——它将开始发生摩擦。客户将会对强、弱捆绑组件之间的强迫婚姻产生抵触，因此市场份额将会受到侵蚀。

一个例子来自高科技领域。一个电脑优化软件的制造商 Server Farms 公司将高价位的支持和维护费用也进行了捆绑。这一方案在几年时间里一直运行良好，但是对手相匹配的软件一经推出，客户中止业务的数量就开始上升，因为维修价格过高而且客户讨厌被强迫购买这两种服务。具有讽刺意味的是，软件公司知悉了这个越来越严重的问题，但是为了达到公开发行（IPO）的收入目标而坚持保留利润丰厚的维修服务。今天，该公司已成为了该市场上的失败者。

为了保卫一个陷入困境的产品而采取的临时捆绑通常会失败。

捆绑范围过大

捆绑范围过大的例子来自一家信息服务公司，该公司在进入市场初期取得了优势地位。开创了形式的转换和印刷向电子的转换。后来，该公司围绕着联邦资料建立捆绑，并且不断扩大捆绑范围，增加了进一步的法律权限类别：国家、国际和仲裁。

基于权限的捆绑成长在短期内很有道理——每一项额外的元素都会增加边际收入——但每次的增量越来越小，特别是当利基市场的竞争对手提供更多类别的商品时。很快，销售人员开始大打折扣，增加的捆绑项目很难售出价值。

这种情况的解决方案是打破传统捆绑，根据用户需求来重新配置捆绑组件并据此重新定价。事实上，当这个信息服务提供商将它的综合捆绑拆分成不同功能部分的时候，它在几乎所有的客户服务中，价格都得到了提升。

为什么会发生这样的事？因为虽然单个的规模较小的捆绑与大范围捆绑相比，标价更低，但是大多数客户需要多种新的捆绑——以及范围更小的、更相关的、输送价值更高的捆绑。各专业捆绑的内部一致性相对旧式的、规模庞大的、松散的捆绑要高得多。原来几乎没有客户需要大范围捆绑中的大部分内容，这就是他们会如此激烈地谈判要求降低价格的原因。

捆绑范围过大的另一个令人信服的例子来自有线电视产业。虽然用户欢迎最开始几次的频道扩张，但是当节目包远远超出他们可能看的频道数目时，他们的热情逐渐淡去。更好的方法是出售范围更小、专门化的节目包，每套节目包从特定的观众身上提取价值。然而，管理者往往不愿意创建专门的捆绑，他们把操作和成本限制作为借口。同时，因为没有能力来实际计算组成项目的附加值，所以即使市场已经表明"少即是多"，许多管理者也忽视了。

将太多的要素打包成一个商品包——捆绑过度——是现任的产品管理者最常见的错误。

有时候捆绑开发的运营成本可以最小化。在许多情况下，当寻求为捆绑"瘦身"的时候，你不需要直接接触产品。通常限制捆绑的广度并不像精简产品的价值信息和价格方案那么重要。在许多情况下，顾客不会注意到他们要比广告宣传得到的"更多"——即使他们注意到了，发出投诉的也通常很少。换句话说，产品的实

际变化可能是最少的：功夫是在信息和价格方面，而不是实际的产品。对于 B2B 软件来说，这是特别容易的——仅仅是把组成要素从菜单中删除，你不需要删除实际的代码。

使用分层而非捆绑

产品分层报价的是一种受欢迎的定价方法。这实际上是一种捆绑的形式，但它在一个方面不同于大多数捆绑的举措：分层不是从零开始建立，而是从现有的报价开始，然后通过添加或去除功能来达到最终结果。不幸的是，这样的加法或减法往往是盲目完成的。

分层的价值原则是与任何捆绑都相同的：试图为一个特定的细分市场建立一个引人注目的价值主张。其目的通常是向一个新的客户层出售，但分层还有另一个目的。有时，分层的目的不是为了向所有的客户层出售，而是通过分层的情境告诉消费者某一层的商品很便宜，强化他们买到便宜货的信息。

当消费者感到他们拥有自由支配开支的能力时，分层就能良好运作——也就是说，他们可以在他们觉得有吸引力的商品上花更多的钱（升级）。当消费者面临着非常有限的预算时，分层效果就欠佳，因为这些消费者只想以最低的价格满足他们的基本需求。

当客户不愿意花更多的钱时，另一个情境技巧就值得研究了——连接捆绑。所谓连接捆绑，是指在商品捆绑之间形成联系，使得购买一种商品捆绑必然导致购买第二种捆绑。以这种方式导致的升级在初次购买或之后，都是一种很好的增加收入的方式。这其中隐含着双重的深刻认识：首先，客户可能经历过这样的时刻——在最初购买之后，新增加的商品或捆绑元素看起来更吸引人；第二，消费者的价格敏感度会随时间而改变。在某一天看起来买不起的东西在另一天就不是这样了。相关联的商品捆绑直接帮助卖家从这些快乐时刻——需求高或者价格敏感度低的时刻中获利。

这样的在一定时间内情境联动的例子来自牙科供应业。这一行业的供应商发现，耗材的市场进入非常容易，如海绵和压舌板等。这种关系一经建立，牙科手持器件就更容易销售。自这里开始，外科手术器件、美容用品和摄像器材顺理成章地成为牙科办公室采购的下一步。

钓钩。要让这种技巧起作用，我们称之为"钓钩"的结构对于鼓励用户自愿升级来说是必不可少的。我们发现在棘手的、成熟的市场情况下尤为如此。这里有一些关于"钓钩"的例子：

> 在建筑行业中，很多建筑承包商的最初投标价格很低，但对于建筑过程中的订单变更则索要更高的加价——这时候业主不得不支付更高的价格。
> LexisNexis 对它的法律数据图书馆根据不同法庭或地理区域进行打包和出售，但是它的搜索功能可以标示出全部法律数据库中的相关案例，而不仅是该地区的案例。因此，即使一个律师坚定地拒绝购买超出自己国家裁决的数字图书馆，他仍然会看到，搜索将显示所有法庭的所有案例。在一项重要审判的前夕，如果搜索引擎现在显示在他的图书馆之外的一个案例具有高度相关性，那么即使是一个非常顽固的买家可能也会在那一刻决定扩大自己的购买。这一因素使得 LexisNexis 的很多用户在最后一分钟或者在不打折的情况下，购买新的图书馆或购买特定的案例，其付出的价格是正常认购价的几倍。
> 一个针对消费者的重要的"钓钩"机制案例来自汽车租赁业务。最近，在洛杉矶国际机场（LAX）赫兹（Hertz）租赁柜台的一个标志说明了下列针对汽油的规定：
> - LAX 附近的汽油售价：4.29美元/加仑
> - 从赫兹购买汽油的预付价格：4.04美元/加仑
> - 如果还车时油箱未满，赫兹的汽油价格：9.29美元/加仑
>
> 所以，钓钩是很清楚的：如果你不在乎费用或有急事，那么你还车的时候赫兹要收取额外费用。如果你认为这是不公平的，你有机会避免这种费用，因为赫兹从一开始就给你提供了一个优惠费率。如果你拒绝了这一优惠费率，那就不要之后抱怨！
> 火石轮胎（Firestone Tire）经销商提供的轮胎保修超过了其轮胎可能使用的里程数。为什么呢？因为只要使以前的消费者在他们需要新轮胎的时候回到经销商那里购买，那么经销商支付的按比例保修回扣就价有所值。

客户核心需求所提示的迁移路径——钓钩——与仅仅建立在"好、更好、最好"

等级上的价格结构相比，要更为有效。

在买家不愿花钱购买时，"钓钩"的作用要优于产品分层。

未能创新捆绑的定义

再来谈谈现有厂商：对于已经在市场上立足的公司来说，商品捆绑中一个常见的问题是，捆绑的定义不再能够有效地传递出价值，特别是与竞争对手的产品相比较的时候——现在大家都在宣扬同样的好处。更糟的是，市场领导者甚至可能发现它的定义被用来对付它自己。

例如，在医学检验市场上的一家公司最初就是由于它能够比竞争对手服务的城市更多而声名鹊起。为了支持这种说法，它在40多个州提供装备精良的设施。但是当竞争对手出现时，通过互惠协议对手们声称可以对所有50个州提供服务！即使竞争对手们的能力和质量可能是不一致的，但客户觉得这种宣传具有说服力——毕竟，是当前的市场领导者培养他们相信地理范围是购买决策的一个重要组成部分。

对于现有厂商来说，解决办法是重新定义自己的产品和信息。宣传设备的重要性，而不仅仅是服务的地域范围，再利用服务捆绑和定价来突出其优越的能力，以这些作为解决问题的开始。公司要强调这样的信息：没有适当设备和质量的单纯的地域存在，具有的价值很低。

深度与广度。上述理念可以概括为着眼于深度而不是广度。广度是客户评估一种商品初始价值的方法，而深度是由那些客户只有在体验产品后才能发现的、无法用语言表达的属性构成。这个概念适用于任何行业：总有无法轻易证明或者预先出售而必须体验才能相信的属性。

举一个例子，一家运输企业在发现他们的司机以更好的方式对待Peterbilt卡车并且运营成本随之降低后，这家公司选择只购买高质量的Peterbilt卡车。要提前证明与量化这种卡车的优点很难，但现在它已经被包含在财务决策的考虑因素之中。同样，在广告费超过行业平均水平时，电视广告商通常要求证据或直接体验来评估媒体的有效性。而最好的证据，就是不同受众的实际购买倾向。在试验或观察他人的使用结果后，广告商如果认为有必要就会支付溢价。

深度与广度往往是现有厂商和挑战者之间斗争的关键。挑战者通常更具有创新精神——部分是因为他们需要创造力才能成功，还有一部分是因为他们不受合同、传统或古老的计算机系统的限制。深度与广度的典型例子来自于20世纪80年代，新崛起的长途电话运营商MCI公司和当时的市场占有者AT&T公司之间的战斗。AT&T将一分钟的谈话定义为60秒的通话时间；MCI将它定义为设置时间（振铃等）和通话时间。实际上，这意味着MCI的1分钟为57秒——这有助于使它的报价低于AT&T公司的每分钟费率。

对于挑战者来说，重新定义深度的好处中包含了引起竞争对手管理者大发脾气所带来的喜悦——但最重要的是，它将解释这一沉重负担压在了现有厂商身上。通常这种负担是不可克服的：原因之一就是客户不喜欢长篇大论的技术性的解释。对于现有市场占有者来说，也许更好的选择是根本就不要承认新进入市场的公司的存在。

小结

捆绑是具有多重功能的工具，它使卖方受益良多，包括以下好处：

> 捆绑对买家来说可能更有"黏性"，所以它可以减少客户叛逃和客户流失。电话服务供应商发现，当它们把本地服务与长途呼叫相绑定时，它们的流失率就会下降：对用户来说，切换本地服务是更艰巨的选择——对于维修和其他服务问题的担心降低了整体的流失率。
> 可能形成产品规模经济，无论是对销售（渠道协同）还是产品。例如，美国在线（AOL）发现在基本服务中包括故障诊断功能对用户有吸引力，并且实际降低了服务台的整体服务成本。
> 捆绑可以向具有多样化产品偏好的群体增加产品的销售。因此，如果一个消费群体认为比萨饼具有很高的价值而另一个群体认为啤酒的价值高，那么啤酒+比萨的捆绑可能销售更多的比萨和啤酒。有效的捆绑能够结合各自的价值并且提取额外的价值。[7]

因此，企业进行商品捆绑有许多根本性的原因，这是值得管理层花相当大的努力来做好的事情。实际上，你们公司可能不得不捆绑并且做到正确捆绑。情境是任何捆绑定价的基础。

但商品捆绑也是具有高风险的任务。特别是在没有使用科学捆绑分析的时候，失败率很高。因此，你可以尝试黏合力（不同组件之间的联系）相对较小的"软"捆绑以及使用正确的捆绑设计技巧——运用相关性和明确的捆绑任务。

注释

1. FOB 代表离岸价格。换句话说，买方支付运费。
2. 不是指用在地板上黏合材料的物质，而是指捆绑联动的方法。
3. 这可以通过以不同价格用于不同细分市场的不同商品捆绑的销售成功率来证明。在核心组件、独立捆绑组件价格的差异都很大的细分市场上，你可以运用数学分离出隐含的附加组件的市场折扣。例如，一项视频（每月60美元）+ 电话（每月30美元）的捆绑在视频细分市场将比在电话导向的细分市场销售得更好。
4. 厄休拉·莫兰（Ursula H. Moran）的评论，她是全美顶级的专业零售分析师，曾在伯恩斯坦公司（Sanford C. Bernstein）工作。
5. J. Adams and J. Yellen, "Commodity Bundling and the Burden of Monopoly," *Quarterly Journal of Economics*, vol. 90, No. 3, August 1976, p. 486. 这是在这一领域的开创性工作，但文中全是数字。为避免相关度的长时间讨论，我们更强调相关性的好处，就是它没有先入之见：它只是报告关系。例如，事实证明，经济低迷与较少的汽车事故是相关的。谁会想到这一点呢，行政长官？在2005—2009年经济下滑期间，汽车碰撞数量也是这样。密歇根大学的两位研究员认为，在经济衰退期间，司机减速，从而导致更少的交通事故。参见 "New Puzzle: Why Fewer Are Killed in Car Crashes," *The Wall Street Journal*, December 15, 2010, p. Dl and p. D3. 同样，相关性的"开明"本质是与商品捆绑相关的，因为它允许管理层尝试创新性的新捆绑然后再将它们投入市场。
6. 衡量一个糟糕结构的不良后果的最好方法是与其他结构相对照。同样，在与好的捆绑相比时，坏的捆绑将相形见绌。
7. 这个概念一般可以显示为总收入增加，条件是捆绑折扣不会抵消组合带来的收益。简单来说，将商品A和商品B两者相结合（在"硬捆绑"里）意味着赚取更多的钱，因为一些消费者本可以用来支付更多的买A商品的钱，现在用来支付B商品，反之亦然。请参见 http://enmikipedia.org/wiki/pricing_of_ –bundles–and–packages。

第八章　降低或提高价格的危险方法

> 现在，现在，我的好兄弟，我可没时间再树敌了。
> ——伏尔泰，在他临终前，对一个叫他放弃撒旦的牧师做出的回应

大多数的管理者都知道，修改价格有一种正确的方式和一种错误的方式，一个合适的修改时间和一个错误的修改时间。困难的部分是确定如何修改以及何时修改。

危险的价格波动可以摧毁你的业务——以大幅减少收入的方式或者竞争对手进犯的方式。然而，许多管理者没有意识到什么是最危险的价格行为。例如，目前为止最危险的价格举动就是降低你的价格，因为它将疏远客户与你的关系。

防止降价的情况

许多企业降低价格，以期避免竞争和赢得新客户；然而，实际结果很少如此。例

如，一个在重组管理和法律注册方面居于主导地位的 B2B 公司听到客户投诉，认为它征收的费用过高以及这是使用其服务的一个障碍。这家公司将价格降低了30%以上，结果却很懊恼地发现业务量保持不变——现有客户没有增量的重组需要，而非顾客的商家从来没有听说过这一优惠，因为整个服务都不是他们考虑的首要问题。

价格降低带来危险的另一个例子是针织品制造商 L'eggs 公司。它已观察到对于价格下降的高敏感性。降低它的价格，它看见销售量大幅增加，因为现有客户会以较低的价格提前采购。然而，在降低价格的消息还没有完全扩散到新客户之前，竞争对手也紧随其降价的步伐。在轮番的降价之后，没有哪个竞争者获胜，降价摧毁了本年度的利。

最根本的问题，如定价中的许多问题一样，在于客户的意识。无论你们公司商品的客观价值如何，这一价值并不重要，除非客户了解它。降低的价格需要传达给非顾客的世界。这样做并不容易，尽管你的销售团队或促销经理尽了最大的努力。降低的价格可能会引起一些现有的客户更多地购买，但通常他们的购买已经饱和——需要一个非常低的价格才能推动客户购买额外的汽车、牙科检查、汽油、电话安装或更多的冰淇淋。在一些情况下，额外的购买量与价格无关。在另一些情况下，较低的价格实际上是有害的，因为它促使买家怀疑自己是不是议价做得不够好，还可能导致一些消费者担心质量。

价格上升就不会这样。当你提高价格时，你要先告知现有客户价格的上升，他们了解你所提供商品的价值。是的，提高价格可能是具有挑战性的，但至少这种变化影响的是那些了解你商品价值的人（客户），或者是那些你的价值信息早已瞄准的人。非顾客们永远不会知道价格或价值的变迁历史，所以他们不会因此而不安。

提高和降低价格有很大的不同——无论如何，都不是对称的。降低价格具有更重大的沟通负担和风险。

为什么许多理性的管理者认为，降价是安全的和有用的？这个问题的思想根源很可能在于价格弹性的观点。价格弹性包含着一个诱人的错误概念，认为简单的数字将解释市场的购买行为及其与价格的关系。[1] 情况几乎从来都不是这样的。认为弹性可以做到这一点的想法，是对市场细分和情境的侮辱。

弹性具有吸引力：仿佛通过一个简单的数字，就可以表现出价格对购买量的影响。进一步说，它们似乎表明对价格上涨的反应，应与对价格降低的反应相一致。虽然价格弹性有时会准确地预测短期购买量的变化（如消费品这种高度透明的市场），但是它们不能用来说明战略性的变化或不透明的市场。

适度的、人们意料之中的价格上涨，要比价格下降安全得多。更好的是：有针对性的价格上涨。最好的是：伪装成价格结构变化的价格上涨。为什么说人们意料之中的价格上涨是好的呢？因为所有年龄段的买家都有一个错觉，认为价格与成本相关，因此他们预计并且能够容忍价格随时间适度地上涨。什么是"适度"情况各异，这就是为什么目标价格的上涨比全面提价更好。在每一个市场上，都有一些顾客处于减少采购的边缘，还有一些人即使价格大幅上涨也根本不会注意到。一次战略性的价格上涨将不涉及处于风险中的细分市场，而在没有价格意识的细分市场涨价幅度最大。[2]

降低价格将带来危险这一规则的例外情况是降低别人的价格。这方面的例子包括苹果、亚马逊和其他控制了音乐、图书等娱乐销售渠道的公司。通过向音乐公司、出版商和其他公司要求更低的价格，这些公司已经打开了市场并且为自己的产品建立了一个稳固的地位。而对这些市场和技术力量的受害者来说，结果却并不是积极的：索尼、EMI、商业出版公司和其他公司曾经令人羡慕的利润的土崩瓦解都是这样的例子。

需求曲线

在任何企业考虑战略性降价之前，都应该研究自己的市场需求曲线。需求曲线表明在不同价格点的销售量，因此捕获了各个细分市场将采取不同行为的拐点。如果一条正式的需求曲线似乎并不令人兴奋或是对于你的管理团队并没有太大的意义（虽然它应该），那么就用一条简单的价格曲线作为开始，告诉管理层为什么说这是一件宝贵的工具。（参见第十四章，了解更多关于如何建立需求曲线的内容。）

战略性的价格变化试图在卖方的销售量或市场地位方面实现永久改善；通常在一个细分市场层次，需求曲线与市场细分相结合，是支持这一策略的很好的工具。

情境定价

管理者必须扪心自问,他们试图把哪些细分市场添加到主要客户群中,哪些细分市场是他们需要保护的。如果这是一个很好的市场细分方案,那么每一个细分市场都应该与特定的价格范围相联系,具有偏好的价格结构。例如,对于移动电话,人口和采用技术的倾向性明确界定了买方的细分市场和人们花在移动设备上的意愿。而这可以联系到一个可用的需求曲线和可行的解决方案。

请注意图8-1中需求曲线的每个部分是如何与一个特定类型的人口相关联的。这条曲线代表的恰好是在亚特兰大地区旅游景点观光的游客。对价格最不敏感的是商务旅客,其次是夫妇,再次是三口之家;对价格最敏感的是大型团体,如俱乐部或家庭团聚。结合人口统计数据之后,需求曲线可以使管理者预见如果他们改变要价,将会发生什么变化。需求曲线和市场细分的视觉组合使得这个工具更加生动。与弹性不同,细分市场的规模各异,因此当价格提高或降低时,它们带来的机会大小也不对称。

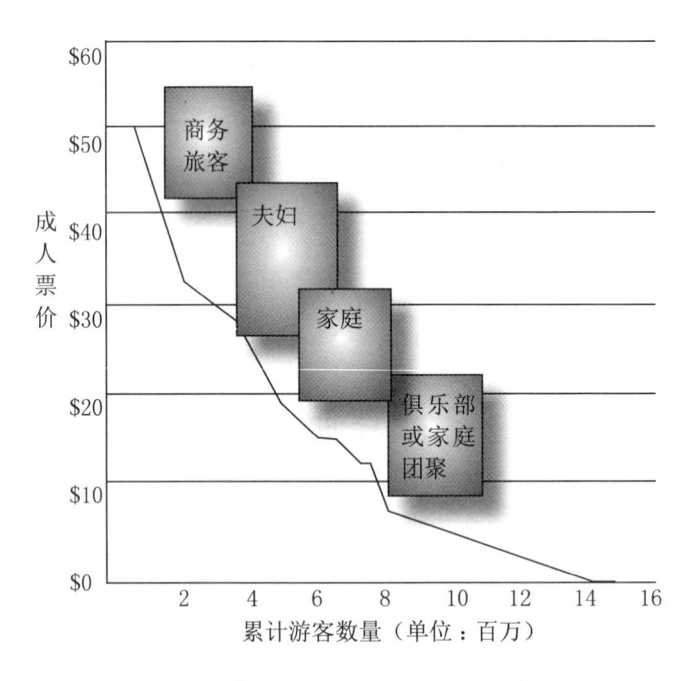

图8-1 亚特兰大地区旅游景点的需求曲线:
与需求曲线关联的细分市场是直观、有用的管理工具

基于市场细分的需求曲线同样适用于B2B的情况,其中具有不同特征的不

同细分市场占据了需求曲线上的特定位置。当然，如果你的市场细分无法反映价格敏感度的话，这一切就会失灵，因为这是一个糟糕的市场划分——说明管理者对于降低价格所带来的好处没有任何准确的了解。每一个细分市场都应该反映价格。[3]

在提高或降低价格之前（促销除外），请先观察需求曲线与市场细分的结合。

客户特征

除了需求曲线与市场细分的联动之外，还有其他的管理程序可以改善定价。价格结构和水平的变化应反映客户的特点和你的目标。提高或降低价格一般有三个目的以及可能的方法：

1. 修复"破损的"价目表。在许多情况下，公司让它们的价目表自由浮动，导致价格自动上涨和全面提高。这可能表现为一个与往来账目差额毫不相关的大幅销售折扣。现在既然你已经熟悉了价目表定价理念的不足，那么应该会同意，没有理由修复价目表——而是要摆脱它！用一套依据情境确定的基准价格取而代之。
2. 备感压力的客户群。虽然一些客户群处于压力之下，但一些长期客户面对侵蚀时似乎非常稳固。答案在于区分价格结构。例如，通常新客户（购买量不确定）希望采用可变定价，而长期客户坚持固定价格。太好了——在大多数市场上，双方中任何一方都不会费心去做数学题，对每单位价格进行比较。
3. 价格实现（price realization）最大化。即便价格水平总体是好的，你也会希望与所有客户的交易都能做到价格实现最大化。管理者的直觉，也许再加上散布图带来的混乱印象，可能认为一些客户得到越来越大的便宜，而另一些客户表现出减少购买的迹象和其他价格压力的迹象。让我们假设管理层的直觉是对的，那么解决问题的出发点是了解客户的损失风险。这意味着你们公司可能需要一个风险工具，评定客户可能因为价格而取消购买的可能性（见第十四章）。

这一工具的好处是巨大的。客户叛逃中不到一半是由价格驱动的，因此不应该通过价格来解决。事实上，降低价格有时会破坏信任，并使买方启动进一步的采购审核。

这三个目的需要不同的方法，因为问题的根本原因是不同的。当然，这些策略是建立在市场稳定的假设之上的。企业管理者在经济低迷时期如何才能安全地变动价格呢？

经济低迷时期的定价策略

正如你已经注意到的，经济环境偶尔会恶化。针对这种情境变化的最佳反应是什么？哪种定价策略能够解决经济低迷时期的需求下降？专家们通常建议你"赶快清醒——更关注客户和更有针对性地开展你的定价"[4]。这肯定是好的想法，但你具体应该做什么？哪种价格行动会（或不会）起作用？经济低迷时期应该降低价格吗？

这里有五个关键策略来应对收入下降。在任何情况下，成功的关键并不是假定面对市场，管理者会神奇地变得聪明。你可能需要工具来改变行为。下面列出的大部分策略重点都在于了解客户的购买决策，这是驱动价格敏感度的重要力量。了解了客户的购买决策，你就可以优化你的定价。再重复一次，谨慎地对待降价问题。降低价格可能是不必要的。了解这一点很重要，因为在某些情况下，全球价格下跌只会造成伤害性结果。

策略1：适应情境的变化

由于经济衰退，你所提供的商品的价值已经改变，无论是按总计来说还是按各个组成部分来说。对许多行业来说，你的售后服务价值增加，而一些新部件的价值下降。这是你的客户感觉更贫穷或者他们的预算遭到削减后的一个直接后果。虽然这种削减阻碍了对新商品或服务的采购，但无论衰退与否，旧商品现在已经成为客户业务的一个必需要素，因此必须得到维护。

这种转变的证据来自2010年IBM公司的收入情况。与它更面向制造业的同行经历的收入大幅下滑不同，IBM实现了收入增长，因为它的生意中有超过60%的收入来自服务和租赁业务——这些业务受到资本支出削减的影响较小。

你越早明白哪类支出必须继续和哪类将被削减，就可以越早调整自己的价格结构。我们发现这种分析能够带来保住收入的最好方案。通常，在企业的商品构成中，受经济形势影响较小的商品价格上涨，将抵消旗舰产品需求量降低造成的损失。

在数字上：假设你的"正常"收入组合是70%的新产品销售、30%的维修服务收入，而经济衰退导致新产品销售下降了20%，我们发现通常你可以通过提高维修和备件的价格（在某些情况下，可以多达50%）来弥补大部分的收入下降。为了避免客户的背叛，在提价过程中你当然需要使用手腕、沟通和高超的捆绑技术。[5]

策略2：改进价值信息

这一策略与第一个策略相联系；简言之，它是说客户不总是能够意识到你所提供的商品的价值。虽然许多销售人员说他们出售的是价值，但其实大多数情况下并不是这样。这是因为在经济形势好的时期，在许多行业，销售价值的销售代表不会业绩最好。而通过提高认识、把自己嵌入现有的购买过程之中，销售代表可以提高业绩。在经济低迷时期，价值沟通的作用就变得更加重要了。

要实现销售，就要销售价值，用特定的信息、有关你的产品或服务价值的证据来装备和培训销售队伍。例如，聘请第三方评估机构以对自己与竞争对手的产品进行比较。可靠的第三方评估机构有很多：大学教授通常会以稍高出样品成本的价格为你评估产品。当顾客在采购中表现格外谨慎时，第三方评估机构（例如 J.D. Powers and Associates 公司）是价值信息的重要元素。

策略3：让第三方付款（例如美国国内税收总署）

许多公司相信，一旦产品或服务已交付，定价过程就结束了。这是错误的。我们发现，许多买家可以报销他们的费用，大多数买家并不清楚他们的购买带来的税收后果。你作为卖方对于税收和费用都具有影响，如果你忽视这些影响，你就忽视了净实现价格中的一个重要元素。

实现影响的途径是了解客户的税收或报销机会。例如，如果你向律师出售商品，而他们可以向客户报销电子研究资料费用却不能报销书费，那么你可以将你的电子研究资料和印刷研究资料以捆绑方式出售；在发票上把大部分价格分配给电子研究资料。另一个例子：如果你将电话和视频服务捆绑销售，那么不要在发票上做等量分配；将更多的捆绑价格分配给可能有税收减免的第二条电话线，并且让客户了解你为什么要这么做。最后一个例子：假设你负责一个非营利性表演场地，10张演出季门票的销售价格300美元（平均价格＝30美元），而单张演出票价为50美元。如果季票持有者因为无法参加而捐赠一些门票的话，那么给他们的这些门票提供50美元的免税额度，而不是30美元。[6]

策略4：更好地识别客户的行为

你的客户将如何降低成本？你能让你的产品逃脱出客户成本削减计划的范围吗？考虑到一些成本紧缩的做法非常简单，这个问题应该不难回答。

从最极端的情况开始：如果你的老客户就是决定一分钱都不花，你可能必须设法安排基于未来付款或未来义务的销售。更有可能的是，你的客户会决定将所有支出减少一定的金额。在这种情况下，如果你有一个25美元的认购价格，将它切成两块，每块12.50美元，看看这样是否能够避开对方的支出削减。

通常，企业客户根据会计类别减少支出。在这种情况下，如果资本性支出被削减，尝试把你商品的购买更多地纳入经营性支出类别。经验表明这不是件容易的事，但如果尝试让商品结合一些具有象征性但又很实质的变化，这是可能的。例如，一个医疗设备制造商对其设备成本提供限时减让，但条件是与一个全新的、扩大范围的维修计划同时购买。

策略5：情景规划和做出价格调整

所有的经济衰退都不尽相同。对于定价者来说，关键的情景问题涉及他们是身处通货膨胀还是通货紧缩的环境中。其他的问题还与输入成本、下游产品、衰退持续时间和恢复机制有关。

从历史上看，当公司为经济衰退制订计划时，情景规划是一种表现最佳的工具。例如，壳牌润滑油（Shell Oil）在应用这项技术时非常在行。比较两种以往的经济低迷时期以突出差别，应成为你情景规划的一部分：

> ➢ 20世纪70年代中期的经济衰退表现为非常高的通货膨胀率、高失业率

以及高商品价格（尤其是石油）。由于行业解除管制和欧佩克（石油输出国组织）的崩溃，石油价格下降，经济衰退结束。
➢ 2008-2009年的经济衰退中，油价飙升，奢侈品、低端产品和商品重新进行划分。通货膨胀导致两极化：一些商品（石油）的价格上升，另一些（房地产和中型汽车）则回落。消费者信心崩溃但后来恢复，而消费市场仍然分裂为高失业率的细分市场和繁荣的细分市场。

商业环境（即情境）的前景如何呢？

让我们假设未来将有一段时间的价格下降，接着是通货膨胀。这种情况意味着应坚持现有价目表的价格划分，但是要放宽折扣作为区别对待富裕客户和那些日趋衰弱客户的工具。[7]这是转向情境价格基础的一个很好的理由。对几乎所有出于压力被迫降价的人来说，传递给客户的消息必须明确地包括："我们现在降价是因为我们的成本不断下降，但当通货膨胀明年开始上升时，你应该为价格上升做好预算。"对许多B2B公司来说，这意味着目前谈判的长期合同必须基于通货膨胀率制定"不确定事件条款"（例如，如果通货膨胀率超出7%，本协议就会自动进行调整）。

那么通货膨胀本身呢——该如何处理？情境的回答是避免大数字。这是什么意思？这意味着9%的价格涨幅将比6%的价格涨幅得到更多的关注，而一个两位数的上涨将比一位数的上涨得到的关注更多。此外，复合增长数学有力地说明，避免更大的数字增长的唯一方法是及早捕捉增长。

举例说明这一点：如果两个卖家都把自己的小件商品定价为每件100美元，而且因为稳定的通货膨胀，他们都必须在五年里把价格提到每件200美元，那么前两年是关键。如果A公司前两年的价格增长都是7%，那么它在后三年的价格涨幅必须为21%才能达到200美元。而B公司可以在五年里每年上涨14%（很难看，但好过21%）。这意味着从第二年起有通胀意识的B公司和没有通胀意识的A公司之间的差距将要逐渐拉大。有一点需要强调，我们发现在通胀周期开始时，客户对价格上涨的敏感度通常要低于通胀中期。在1972年到1978年的通货膨胀时期，价格上涨很快，但零售商的利润在最初的1973年增加了。[8]

所有通货紧缩都突出了一个特有的管理难题。无论规模大小，大多数公司都要在不同的实现价格下向市场出售商品。我们建议，当价格下跌时，要避免简化或规范化定价。换句话说，不要巩固价目表或合同。

虽然高级管理层对于实际价目表的最初印象及反应往往是"多么复杂的烂摊子！"，但经济衰退期不是简化它的时刻。通常有许多小客户或分销合作伙伴正在以更高的价格进行购买，因为你的产品或服务并不是他们的主要支出。这些客户或合作伙伴往往不会检查价格，而改变可能会引发监督——正如一些软件供应商发现的那样，不要无事生非。

前瞻性地处理上面列出的五个方面，是在通胀和衰退时期成功的基础。推荐的解决方法不包括简化你的定价——那样无法应对不断变化的环境。

小结：萧条时期的廉价工具

在市场低迷期管理定价的最佳方法是了解客户的决策过程和市场透明度。但这并不意味着管理者会突然提高他们的定价能力，或比之前更了解客户的决策过程。为此，你们公司应该建立廉价的定价工具并坚持使用它们。应该运用情境和市场细分了解可能的市场反应和需求。

当经济衰退和通货膨胀来临时，定价的重要性增加，因为管理价格行为变得不那么常规而且策略是必需的。此时，情景规划非常有用。然而，要了解企业定价文化：经济变化比企业文化的变化更快。

注释

1. 特别是弧弹性，从来都没有用。点弹性对于在信息交流度高的商品市场上制定短期策略更有用处。一些软件提供了弹性的估计值。虽然软件阻止了对隐藏的内部系统的弹性的精细考察，但这并不能提高弹性的准确性。例如，在任何较长的时间范围内，弹性都无法指出价格上涨和下降之间的不对称性。
2. 当然，如果你是通用汽车公司并且可以确保每一个潜在的买家都知道你的价格变化，问题就会小得多。2008年到2011年的"员工折扣"计划使其网站流量翻了两番，并且使销量大幅增加。Acendmarketing.com专注于网站流量的跟踪。

3. 事实上，价格敏感度应该在界定细分市场时起首要作用。R. Frank, F. Massey, Y. Wind, *Economic Principles of Market Segmentation,* Prentice-Hall, 1972. 市场细分似乎经常为存货数据和渠道经济学所控制。
4. 我们假设其中包括这本书的几位作者，但我们是更好的一类专家。
5. 或者，如果你能幸运地只在繁荣的采购类别中经营。例如，在2008—2009年的衰退时期，人们开始粉刷房子而不是建房子。参见"For Sherman-Williams, a Rosy Outlook in Recession," *The Wall Street Journal,* December 24, 2008, p. B7。
6. 这个想法是认为市场设定价格。虽然客户可以一如既往地得到相同的票根，价值和他们定价的能力是不同的。戏剧大师盖尔·莫林（Gayle Maurin）注意到，尽管乐队可能是相同的，但单场演出的价格与一系列演出的价格是不同的。所以，如果季票持有人捐出了一场演出的票，它就抵得上50美元的单场演出的价格，而不是30美元（300美元除以10次演出）。这是务实的情境价值评估，并且说明了为什么市场并不总是遵循人们的"常识"。请注意爱因斯坦的话："常识就是人们在18岁之前收集的各种偏见。"
7. 参见"Luxury Spending Is Back in Fashion"这篇文章，其中报道了饰品、休闲车和豪华车的消费正在强劲增长，但"这种增长并不是普遍性的"，出自 *USA Today,* October 27, 2010, p. IA。 而在一篇关于如沃尔玛等连锁店的文章中，引用了管理者的话："缓慢的经济复苏将继续影响我们的客户，因此（我们）预计他们会保持谨慎开支。"出自"Retailers Are Sold on Frugality," *The Wall Street Journal,* August 18, 2010。
8. 时机对于通胀引发的价格变化很重要，就像其他所有的变化一样。但它不是线性的：在许多情况下，早一点更好。参见"Higher Prices Looming, Many Companies Say," *The New York Times,* December 2010, p. A17。

第三部分 定价程序和营销组合

第 九 章　市场细分、情境和时间

> 我就是时间,世界最大的毁灭者
> ——《薄伽梵歌》
>
> 一种尺码不可能适合所有人
> ——"服装的尺寸",《纽约时报》,
> 2011年04月24日,A1版

情境和市场细分的提出都源于同一个事实,即每个人和每种情境都不尽相同。因此,情境定价和基于需求的市场细分都试图依据消费者的心理来决定相应的市场行为。两者也都考虑到了价格结构和价格水平的问题。那么它们之间有什么不同呢?

情境和市场细分的区别

二者的主要区别是情境定价关注消费者所处环境带来的影响,产生影响的原因以及应对市场变化的一种组织架构。换言之,市场细分通常基于人们的社会阶层或所处行业,而情境是基于消费者所处的具体形势。基于需求的分析通常会提出这样的见解:"一位单身男性需要给自己的约会对象留下好印象,因此会买花送给对方。"

而情境分析却会更加深入，它认为"一位单身男性，在周六下午六点钟还没有为自己的约会对象买好花时，内心会十分急切，并且愿意支付任意价钱以买到花或花的替代品。而在周五的时候，他根本不会考虑买花的事情。"注意到二者之间的区别了吗？

很多情况下，情境中最关键的因素是那些发生了改变的事物。人们会注意到变化，并且有时会因此减小早已存在的决策因素的权重。情境定价也更关注第三方的行为是否影响了购买者的决策机制。例如，如果上述那位潜在的买花顾客在吸引自己梦中情人的关注时感受到了强烈的竞争，他可能会买一束更大的花来讨好自己的约会对象。需要注意的是，当把人口统计学上的差异与情境差异做比较时，情境差异对于定价而言更加重要。表9-1说明了市场细分和情境定价之间的互动关系。

表9-1 情境与市场细分互动产生的所需价格的范围

		市场细分			
		家庭	丁克一族	单身专业人士	退休人员
情境	忠实的老客户	$100	$110	$90	$90
	新客户	$50	$60	$60	$60
	附加销售	$110	$80	$100	$90
	品牌专卖店	$120	$120	$120	$90

你可能会问："我们要如何应对一系列不断变化的情境呢？跟上人口统计数据变化的脚步已经很不容易了（例如，人口中拉丁美洲人口的增加，人们结婚年龄提早，收入变化，等等），而具体的情形似乎有着更多的变化。"事实却并非如此。

能够改变消费者的需求和价格敏感度的情境就像市场细分和人口统计数据的变化一样可以预测。你只需要意识到它们的存在。事实上，大多数的情境要比人口统计数据的变化更加确定：人们总是会因时间紧迫而下紧急订单；委员会内部总是会有意见分歧；顾客总是会关注大宗商品的采购；如果比较价格很方便，消费者就总是会对比商品的价格，而如果价格比较相对困难，消费者就会少一些比较；在炎热的海滩度假的人们总是会愿意支付更高的价格购买苏打水。这些听起来是不是都很合理？

> 情境的一个优势是它解释了消费者价格偏好的因果关系，在某种程度上它比市场细分更加持久。

管理者们应该利用传统的市场细分信息。然而，为了获得最优定价，他们也必须利用好情境中包含的信息。和市场细分一样，情境中的信息也需要花费时间和精力去收集。由于市场细分理论已经在管理实践中有40年的应用历史，你们公司可能已经收集了更多的细分市场信息。

情境数据也是可以获得的——只是它需要管理层决定去获取。你可能发现它就隐藏在使用情况的数据中，或碰巧在市场调查的过程中已经被收集。相比细分市场数据，情境数据的优点之一在于它们非常明显。比如，你很难分辨一位手机用户是拉丁美洲人还是白人，但是你可以判断出他是在旅行、在家还是在学校。[1]你不是总能分辨出一位购物者是年老还是年轻，但是你可以判断他是否在节假日前的最后一刻才去购物。

为消除读者们对情境定价操作复杂性的顾虑（但这种顾虑在接下来阅读的过程中可能会继续存在），最后一点可以保证的是，与通常增加价格点数量的市场细分不同，情境可以将实际销售价格的数量减少80%或80%以上，因为它使得价格具有更强的执行性。情境乐于接受消息，并且更加易于管理，因为消费者实际接受的价格才最终决定着你们公司的业绩。更好的消息是，目标价格（情境基准价格）的适度提高可以很容易通过系统来处理。你们公司现在可能在利用目录查询系统进行定价，而这个目录查询系统才不管它在查找的是情境基准价格，还是价目表名义价格。

市场细分与情境信息不是互为替代关系的；相反，它们在决策时有着相互补充的作用。因此，最初你应该把情境当作比市场细分更高级的一个阶段。由于市场细分比情境出现得更早，我们在描述管理任务的金字塔结构图中，将情境定价置于市场细分的上层，如图9-1所示。

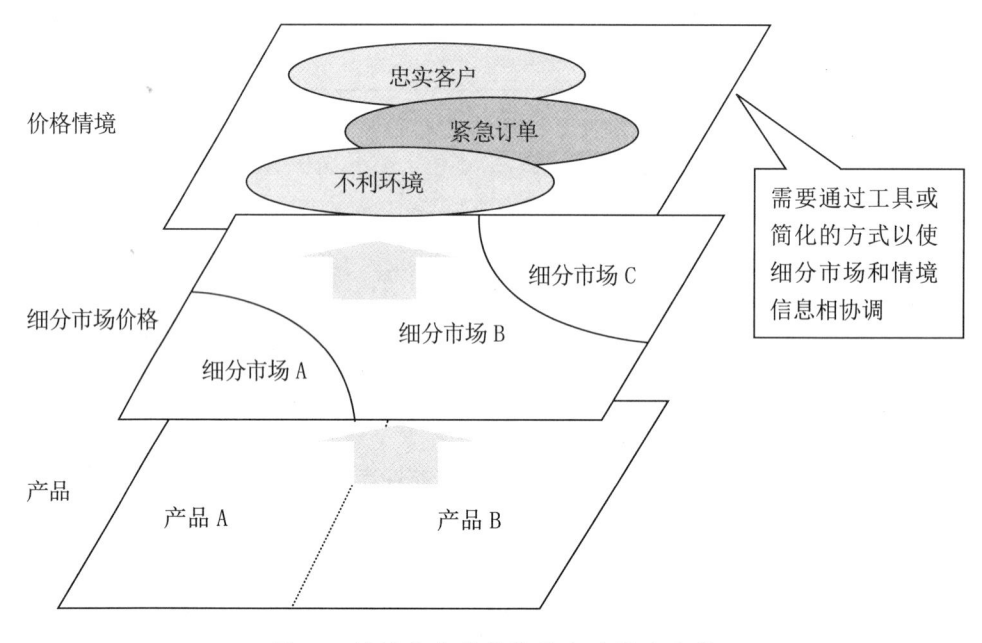

```
价格情境         忠实客户
                 紧急订单         需要通过工具或
                 不利环境         简化的方式以使
                                  细分市场和情境
                          细分市场C  信息相协调
细分市场价格    细分市场B
           细分市场A

产品       产品A      产品B
```

图 9-1 情境定价是价格设定的最后阶段

这是额外的一个层次，但它却是（在图中未加显示的众多定价策略中）被多次证明非常有效的策略之一。

市场细分与情境如何相互补充

尽管之前用了很多笔墨区分市场细分和情境，但了解二者之间相互补充的关系也很重要。最佳的情况是，你可以利用这二者来达到改善定价的目的。我们来看一个来自 B2B 市场的案例分析。这项案例分析分为五个阶段，与20世纪80年代到21世纪初计算机和数据通信设备市场的变化情况相呼应。[2]

众所周知，这段时期内，用户处理商业数据的方式已经从大型中央处理机演变为分布式处理方式。这一演变是伴随着公司发展所经历的五个不同阶段而出现的，每个阶段也都代表着数据通信系统供应商所面临的不同的情境。一些用户经历了其中的一个或几个阶段，而其他用户则经历了全部五个阶段。

第一阶段可以追溯到20世纪70年代之前的历史时期，那时候人们只能通过大型中央处理机的方式处理信息或数据，此阶段的特点是有一个中央信息技术（IT）部门。这就是IBM主导的等级专有权阶段。

接下来，很多公司经历了信息管理部门政策和权力的重大变化：计算机终端用户决定绕过信息技术部门，购买个人电脑、微型计算机和集群服务器。买完这些设备之后，终端用户必然要努力将这些设备连接起来，于是他们租赁线路，建立了很多独立于信息技术部门的网络。这样做会涉及基础设施的采购。比如，20世纪90年代初，美国信托公司的IT部门进行了一项调查，吃惊地发现终端用户部门已经建立了230多个网络。这个阶段被称作部门化计算阶段。

下一阶段是公司对部门间网络混合连接造成的混乱的一种应对。公司成立了独立的中央采购部门或共享服务中心，努力做到控制经费、降低成本。这一努力通过统一采购和物理网络的整合而为公司节省了开支。这一阶段被称为"电信（计算机）采购职能（效用）"阶段。

第四阶段开始于几年以后，此时公司将整合后的通信和计算机采购职能重新分配到信息技术部门。这种新的安排使得终端用户可以获得更多的信息，而这些信息则被保存在由信息技术部门管理的大型公司数据库中。为访问这些大型数据库，人们还发明了高容量的数据网络以使得身在远方的重要用户也可以通过公司的网络下载各种大型文档，并且利用这些文档就地开展工作。

例如，美国制药企业默克公司（Merck & Company）允许身负重要任务的人员，如研究人员，从数据库中查找大型分子模型并将这些材料下载到自己的工作站。这一架构阶段被称为任务型互联网阶段。

最后一个阶段可以说是另外一个新的阶段或者是第四阶段的一种延续。在这一阶段，一些公司不再将公司数据库重新交给信息技术部门来把这些数据存放到一些大型资源库以供最重要的终端用户使用。相反，它们采用了一种允许所有终端用户都可以获得所需数据的体系结构。这种做法意味着公司要淘汰一些陈旧的设备，引进一批同一种类的基础设施，其中所有新的组件都能够用网络相互连接起来。但这样做成本昂贵，且在当时技术上十分复杂。

为了获得购买这些新设备的资金并获得公司对这种体系结构带来的技术风险的支持，非信息技术部门的领导必须要密切地参与进来，并且确保这些支出的必要性。因此，这种新的权力结构是信息技术部门与其他职能部门紧密合作的结果。这一阶段，各个部门的计算机专业人士失去了部分自主权，全新的统一采购和统一技术管理方式被固定下来。这一最后阶段被称为综合计算机应用阶段。

情境逻辑链条

从第一阶段IBM一家独大的结构被改变开始，技术进步的力量便推动着公司迈入了进化的链条，一环扣一环。图9-2标示了这一过程。

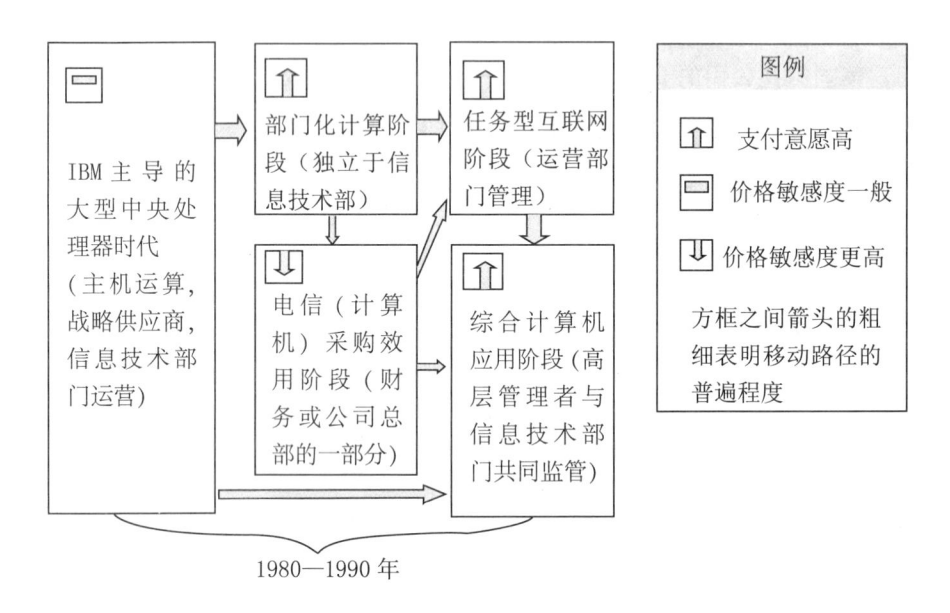

图 9-2　情境随计算机与数据通信体系的发展而产生的变化

第一阶段计算机运算灵活性不足、反应迟缓的缺陷促使了上述情境演进过程的出现。强势职能部门的领导者确信他们可以在增强公司所需要的计算机能力方面比信息技术部门做得更好，于是决定资助部门内部的计算机网络建设。他们招募了一批精通技术的新经理，告诉他们尽全力去改善公司计算机运算的速度和能力。这些新任的部门经理严格地按照指示行事，但是很少去考虑这样做的成本费用。因为当时添置新的计算机设备所增加的资金预算相比总体经营预算的增长而言比例很小。

然而，一段时间之后，第二阶段（部门化计算阶段）盲目增加公司计算机和网络数量的做法变得昂贵起来，有时会占到公司总成本的10%以上。这种支出规模引发了公司高管层着手降低成本。因此，许多公司将掌握在各个部门手中的计算机运营管理职能交还给了信息技术部门，或者更常见的情况是，将这一职能交给新成立的计算机与公用设施采购部门。他们选择上述哪种方式取决于信息技术部门是否已经变得比以前更加灵活、反应更加迅速。

由于第三阶段（计算机采购效用阶段）非常注重成本最小化，因此通常很少有人去关注创新。而很多时候，这种对新技术的抵触会使生产部门获益，进而会促使生产部门的经理为了应付"吝啬"的采购部门而另寻他法。这也迫使公司进入到下一个发展阶段，此时心怀不满的终端用户们被一个全新的、更加进步的信息技术部门所吸引。企业管理者们在寻求新的计算机运算能力，而信息技术部门的经理们则希望在组织内部更多地实现体系结构的一致性。在这两种动机的驱动下，各个部门的领导者同意重新建立一个中央信息技术部门，并且寻求更加长远的发展方式。这也推动着公司进入到随后的发展阶段。

下一步公司会进入到任务型互联网阶段还是综合计算机应用阶段，取决于公司自身的经济情况，尤其是预算的情况和任务的需要。

如果一个公司总体投资回报率高，它很有可能选择更为高端且统一的数据库体系（综合计算机应用）。摩根士丹利公司（Morgan Stanley）与专业生产商联邦纸板公司（Federal Paperboard）就属于这类情况，二者都有充足的资金可投资到内部的信息技术开发领域。通常这一体系由信息技术部门负责管理，但是由信息技术部门和高级生产部门经理、副总经理和更高层的领导者共同监督，并且他们会积极参与到决策和制订备选方案的过程中。

然而，很多投资回报率较低的大企业无力负担用全新的数据库管理体系取代现有的一片混乱的数据库结构，因为这通常需要购买全新的软件或对硬件进行大的改造。而在这种情况下，生产部门的经理就会把难题抛给信息技术部门。克莱斯勒公司（Chrysler Corporation）和其他一些大型制造商就曾经发生过这类事件。相比综合计算机应用阶段，任务型互联网阶段的购买情境对价格更加敏感，尤其是对于那些不太关键的部门而言。

公司演进过程中这种强大的内在逻辑构成了计算机和数据网络设备采购的情境。理解了这种情境才能理解消费者的购买行为。在等级专有权阶段向部门化计算阶段的转化中，各个部门内部的计算机专业人士都急于寻求将个人电脑终端相互连接起来的办法。因此，良好的设备性能和简便的操作方式是最关键的因素。在向计算机采购效用阶段转变的过程中，设备的成本和集中化控制扮演着最核心的角色。在向综合计算机应用阶段的转变中，购买者的关注焦点变成了设备的计算能力、供货商能否保证硬件设备与软件包的良好兼容，以及是否有所创新以满足终端用户的需求。

为了突出这些要求之间的不同，请注意只有在"计算机采购效用"阶段进行销售时，低价策略才是取胜所必需的。因此，在其他的环境下，在出价中包括较大的折扣是不明智的。更为细微的差别体现在，在任务型互联网阶段，购买者在为非关键用户购买计算机设备时对价格敏感，而在为关键用户购买时则对价格不敏感。此时全球采购仍然十分有限，定价的评估是基于单个组件的购买情况。

在综合计算机应用情境下，如果你能够满足购买者的技术要求，价格上就不会有太大的压力。这也助推了太阳微系统公司（Sun Microsystems）、思科公司（Cisco）和其他一些公司的爆发式增长和巨大成功。价格结构更多地体现着全球采购或者企业定价的层面，而不是个体的购买。成功的供应商必须理解这个逻辑（低成本与高性能、特殊用户群体与企业等等），才能实现最优定价。这需要供应商们了解情境中的不同之处，或者更好地是能够掌握可能的迁移路径的整体线路图。

尽管当管理者们适应了相同的技术、社会、经济和监管的变化时，大多数产业都会遵循着一致的方式进化和发展，但是供应商们很少充分利用这一点。规划者们通常以年为单位观察产业内部关键的趋势，但是在分析市场机遇时，他们并不总是将这些趋势与细分定价、战略和目标联系起来。进行分析时，规划者们经常回归到更为有限，但更安全和方便的细分市场分类信息上，例如标准产业分类代码或消费者规模。这种做法比较省力，但也比较低效。

大多数产业似乎都按照一致的方式进化和发展，这使得卖方有机会预测出购买标准和决策者的变化。

正如我们所看到的，情境所包含的信息远远不止社会学、消费心态学、人口统计学等理论预先进行的分类。这些预先完成的分类群组与能够改变一个公司市场的根本力量所创造的情境根本毫无相似之处。高级的定价需要基于对创造新需求的潜在原因的理解。

情境的不同也源于产业不会一直以一种可预测的方式重复着一个循环周期。市场环境会随着大的产业和社会环境的变化而变化，而这些变化经常造成所有市场主体重新洗牌的效果。例如，如今的软件公司正在经历着比10年前更大的经济、竞争和质量压力，这也迫使它们采取不同的方式加以应对。

优势

关于计算机设备的案例分析突显了理解情境带来的三个好处：当顾客准备好要购买时主动与其联系；知道如何去吸引顾客；设定价格结构和情境价格水平。最重要的是，它可以帮助公司比竞争者率先识别出机遇。

在竞争中领先一小步就可以带来价格和服务上的巨大优势。通过对行业演进趋势的掌握，公司可以在恰当的时机以恰当的方式推出相应的产品和制定适当的价格。成功抢占先机的例子包括美国的百思买公司（Best Buy）。最初，百思买公司是一家失败的电子产品零售商，后来它大胆地创新来满足日益精明的消费者对更加友好和轻松的购物环境的渴望。20世纪90年代，这种市场环境发生了改变，因为此时的电子产品变得更加标准化，消费者不会再因为陌生而不敢购买电子产品，所以他们也不再需要穿着西装的导购员来帮助他们挑选产品。由于百思买是第一家了解到这种新情境的专业零售商（最初，这种新的趋势也碰巧体现在特定年龄的人口统计数据中），该公司的业绩远远超过了其他墨守成规的竞争对手。十年来，百思买每年的复合销售增长率高达75%以上。

理解情境的发展路径对供应商的销售成功至关重要。因为情境发展过程中的每一个阶段都会改变潜在顾客组织中的重要构成：决策者、购买标准和预算。能够预测到这些变化的供应商就可以在竞争对手之前找到新的决策者。作为先到者，他们可以改变决策者消费的时间框架和购买标准。当落后的竞争对手找到新的决策者的大门口时，他们会发现门早已经关闭了。

小结

情境和市场细分对于公司实现价值获取和赢利能力的最大化都至关重要。这两个概念之间存在互补之处，但是管理者可能希望更强调情境，因为情境是一种新的定价策略，且可能是一个更有力的价格杠杆。

情境可以帮助公司确定在什么时间和什么样的情形下制定出人们接受的价格。

时间尤其重要，因为由于情境发生了改变，同一个购买者在不同时间的购买行为可能会大不相同。

对于情境的理解也关系到企业是凭借其独特属性赢得市场，还是继续用一成不变的方式应对不同的需求，从而在市场竞争中处于不利地位。

理解情境的作用并且能把情境进行分类的企业将能从中获得巨大的收益。卖方通过精确地区分不同的情境，观察消费者在不同情境下的购买行为，或许更进一步将消费者购买行为的发展阶段加以分类，预测下一步可能的变化，从而使得自己可以提前在市场竞争中甚至是在消费者自身意识到之前就掌握消费者未来的决策变化。这也将为公司带来更大的业绩增长。

注释

1. 事实上，如今先进而富有创意的信息技术使得很多公司对顾客的了解远远超过了公司定价时所考虑的关于消费者的信息。例如，当 AT&T 公司想从其电话业务数据显示出的消费者的呼叫模式中发现商机时，就出现了很多的推断。其中一个关于人们打电话模式的分析能够显示出夫妻双方大部分时间都在进行商务旅行，并且能够分析出什么时候人们需要买花。一种特殊的通话频率峰值和通话地点能够显示出人们正在经历压力较大的事情。恰当的做法是人们应该小心对待这些推断，但重点是通过技术手段分析出这些信息是有可能的。在网络上这种分析可能会变得更加容易。更多内容请参阅"A Web Pioneer Profiles Users by Name," *The Wall Street Journal*，2010-10-27，p. A3。
2. 这一部分的内容部分是基于早期的一篇文章，那时人们还没有将情境的概念与市场细分进行明确的区分。当时人们把情境称作"进化的市场细分"，这种叫法虽然不太准确但是依然是有用的。Rob Docters, John Grim and John McGady, "Segments in Time", *Strategy & Business*, first quarter 1997，p.p. 42–51页.

第 十 章　　命运的枢纽：定价策略

> 历史会对我友好的，因为我正在创造历史。
>
> ——温斯顿·丘吉尔

很多关于价格策略的作品都只关注竞争者的相对市场支配力。尽管即时的市场支配力的确非常重要，但还有其他因素能深刻地影响结果。其中之一就是时间：你如果缺乏市场支配力，就可能需要一段时间来完成你的目标。时间和支配力是构建定价策略的基本要件。

为什么需要时间？根本原因在于，市场支配力随着时间而变化，而制定价格的策略原则是在你的顾客和竞争对手最无意于与你周旋的时间和市场定价。当我们说市场支配力变化时，我们不是指根基深厚的竞争对手陷入困境，而是指消费者需求的快速变化以及你如何利用这些变化。

例如，在大学教材市场上，高等教育主要教材的选用需要2—3年时间，通常需要由相关学术委员会决定。显然，这些会议缺乏乐趣：不同教材的捍卫者支持他们尤为喜爱的书籍或教学资料。通常，很少有人阅读或研究过所有其他选择，因此讨论主观性强、非常激烈而又无休无止。因为缺少统一的决策标准和系统性比较，因而价格常常是客观比较的方面之一。结果就是，定价大大超过平均水平的图书不会进入考虑范围——无论有何优点。

要想在这种选用程序中取胜，最适合的定价策略就是让第一年的价格接近平均水平。接着，为了在第二、第三年获得高收益，价格应大幅提升。这种提价是安全的，因为我们知道没有人愿意重启教材选用委员会，重新考虑教材选用问题。当然，学生不愿意书本涨价，但是教授作为决策者不需要自己为买书付钱。在下一轮的选用周期之前，书价都不会下跌。

同一类型的以决策周期为依据的定价策略适用于诸多行业。例如，在销售计算机集群时，硬件制造商知道最初的竞标对价格十分敏感，但是一年以后额外的内存或电源就可以加价销售。利用时间上的变化是定价策略的核心。这不是说变化的次序是一定的。例如，在销售某种类别的服务时，价值捕捉的时间模式就采用了相反的顺序，例如娱乐服务。让我们仔细考察一下。

一个位于亚特兰大的大型娱乐公园斥资数千万用于新的展览。这一展览起初充满乐趣和创新价值。因此，最优策略就是加价，直到当地游客资源耗尽。在当地消费细分市场枯竭后，第二步策略就是把展览融入门票费用中，一些涉及大量外地游客的特殊活动除外。届时最好继续征收额外费用。这样做基于的想法是，亚特兰大本地的游客数有限而外地游客数量几近无限。

这个例子说明了以时间为基础制定情境定价策略的必要性。在有些案例中，卖方甚至营造了一种以时间为基础的情境，比如"限时供销"，例如仅在小段时间内销售时尚用品。很多时尚用品特意限量供应，目的是创造稀缺性，以便减小价格阻力。情境使用更加精妙的方法就是扩张，例如把小啤酒厂享有盛誉的优质啤酒用于全国性分销。原有的稀缺性可以转化为当前价格的上涨。[1]

在你的客户和竞争对手最无意于与你周旋的时间和地点确定价格。

策略功课

成功的策略需要在开始前做一些功课。其中之一就是确定在哪些地方你的地位更强势,哪些地方地位相对较弱。如果你了解了这些,就能顺理成章地确定后续的行动和支持策略的价格结构。要了解劣势和优势,情境是关键。[2]

确定优势和劣势

虽然管理者对优势和劣势有着某种直觉认识,但是更好地评估与量化优势和劣势的差异通常会带来实质性回报。例如,2008年,美食频道(Food Network)认为大幅提高有线电视公司播放内容费用的时机已经到了。美食频道的首席财务官宣布,基于观众评级上的大获成功,公司希望大幅提价。这番话有助于设置定价的情境基础——显示价格应该与评级挂钩。

为了实现提价,美食频道就必须和六家有线以及卫星电视运营商谈判。而谈判的关键情境在于:尽管每次谈判都是独立进行的,但是每次谈判的结果都会影响其他谈判。[3]

美食频道迈出的第一步,就是精确地量化了目前与其合作的各家有线电视公司如果拒绝接受新价格导致节目中断,将给它们造成的经济损失。由于规模小和影响力不足,有线电视公司(Cablevision)是明显的薄弱点。当它拒绝了美食频道的要求时,它在合同期满后就放弃了这一播放频道,而其他有线公司暂时仍在播放。

但是三周后,有线电视公司撤回原决定,接受了美食频道的新价格。正如一位博友评论道:"看起来与美食频道相比,有线电视公司似乎更需要对方。我想知道有线电视公司失去了多少用户?"[4] 很显然是一个很大的数字,因为最终有线电视公司同意接受这一新的、更高的价格。更重要的是,有了这个先例以后,其他有线公司都步其后尘,接受了新价格。

另一个确定优势的例子,存在于搜索引擎市场。这里有数百个竞争者,此外还有很多元搜索引擎将其他搜索引擎的搜寻结果进行汇总。搜索引擎在很多领域实现了专门化(例如医疗、法律、语义、社会和视觉等等)。这些差别由于情境不同重要性也不相同。例如,企业内搜索功能(即扫描你们公司内部和外部数据库的搜索)对大型制药公司的研究部门至关重要,而对小型公司就不那么重要。视觉功能在商标、电影和工程等领域很重要，但对于像 Technorati 之类的博客搜索引擎就不那么重要了。

有趣的是，在很多市场上，能力差别对许多用户来说并不清晰。然而仔细检查的话，它们的确存在。此外，一旦用户意识到差异，这些差异对他们就变得重要了。例如，搜索追踪功能对于医疗研究者很重要，因为他们需要表现出在查找现有文献过程中的勤奋精神。这对金融搜索引擎的用户就不是那么重要了，但他们更关注债券和隐私方面的功能差距。

和所有复杂的产品一样，要列出搜索引擎的差别，清单可以很长——然而，有时候清单不会脱离研发领域而走向市场或销售。进一步来说，正确的信息可能没有被传达给买家或者有影响力的人群。不能利用差异就无法打下情境定价的基础或者参与到情境定价之中。由于信息空白，定价不可能根据情境进行，因此也就不能像在准确情境下那样抓住定价的要领。

人们经常会有错觉，认为销售人员有时间了解产品差异，因此能够指出一个产品的优势；或者存着不靠谱的希望，认为买家（比如像图书管理员这样的信息专职人员）了解这些差异，因此可以支持抬高价格。这种想法非常乐观；先列出差异清单，否则定价不会有效！

不准确、草率定价通常是因为没有仔细区分市场要素，例如产品差异。列出差异清单是前提条件，而向下游消费者传达这份清单是至关重要的。

依据类别的策略性定价

一旦制定了清单，下一步就是绘图表示在哪些方面你的产品者具有优势、处于一般水平和存在劣势。我们习惯把这些称为本土、战场、市场新入（市场偷袭）区域。

请注意，除了产品以外，在这张图上还有大量需要关注的问题。渠道接触能力的有限性、产品组合中的其他商品以及消费者的决策程序，都会对该图产生影响。例如，如果对一般用户来说你的产品特色不明显，那么像图书管理员或行业内部专家等购物行家的存在，就会使客户群形成不同的类别。在需要投入时间才能了解你的产品与众不同的优势时，该图必须显示买家应该投入时间和不应该投入时间之处。这就是策略的情境维度。

本土。你可以在这些稳定的顾客身上攫取价值。通常，这样的顾客认为你的产品对他们的价值非常高,在 B2B 的电子商务情境下,顾客可能将你的产品或服务与他们的工作流程相结合。

对于本土顾客,价值俘获策略旨在创造更能够攫取价值的价格结构(比如,采用第六章中介绍的两部收费方案)。例如,山姆会员店(Sam's)等大型仓储会员店在商品价格之外收取会员费。当然,有些情况下也可以选择直接提高价格。

更重要的问题是,如何在这样做的同时保证本土顾客不会被竞争者抢走。要记住,这类顾客所带来的高额利润,将使他们很容易成为竞争对手关注的目标。[5] 以下三种定价策略可以帮助你守住这类客源。

> 压制攻击者的优势。这意味着重新平衡定价,从而使可能的攻击点价格具有竞争力。例如,如果竞争对手对某部分捆绑服务按照非常低的统一费率收费,那么你必须正面应对这一价格。任何增值的特点或高端的服务仍可以征收额外费用,但是你们公司必须使忠实买家与其老板交流时可以容易解释:"我们没有接受新厂商定价低廉的商品。我们的原有供应商和竞争对手提供相同的底价。但是经过更仔细的调查后,我们发现还需要附加的功能,因此我们选择了现有厂商及其更高级别的产品。"

> 传递信息或发出信号,表明竞争对手的任何价格攻击都会引发价格或非价格报复。如果竞争对手发动了进攻,一定要采取某些报复行动,而且报复行动也必须对竞争对手的同一条控制链造成影响。反击不一定涉及降价,例如,将竞争对手提供给你的客户的所有价格优惠都告知竞争对手的忠实顾客,也是一种报复的形式。资助研究项目来分析对方攻击性产品的缺陷(比如 IBM 用以对付英特尔的浮动小数点研究)是另一个可能的应对方式;同样,这与价格水平也不相关。

> 采取挽留客户的策略。这些策略包括价格不透明(对不同顾客保持折扣的独立性,可以采用返利的形式)、增加客户离开的行政压力(对各个组件规定不同的更换周期,提醒对方取消服务的困难或提供有限的取消机会)。最后,提供时间累进折扣,如果顾客转向其他公司就会丧失这种折扣——与美国运通公司(American Express)提供的奖励积分相似,如果客户注销了他的账户,就会损失掉积分。

战场。 对于"战场"区域来说，组织的整体能力将要发挥作用，即强调你们的产品与对手产品的差别（例如速度、耐久性、易维护或产品的可靠性、发货的及时性、供货范围以及最低的价格等等）和彰显对于不同的买家或使用者情境来说它所具有的意义。

例如，数据处理市场可以细分为几十种买家市场。一个服务器生产商依据垂直行业细分来划分营销活动。这样做当然有一定的正确性：因为在客户细分市场中需求存在着重大的差异。最重要的是，这些细分市场占据了同种产品20%左右的销售量。

但进一步调查就会发现，这一产业的细分市场价格因用户任务差异造成的波动幅度，要大于这个行业垂直门户网站的任何内在因素。在某些情况下，用户任务是降低成本，那么用户对价格就特别敏感。而在另一些情况下，其任务是改善对业务单元的计算机支持，那么他们关注更多的是能够形成的运算能力而不是价格。

每项任务代表一种情境。最佳的定价策略就是对这些细分市场有差别地调整定价结构（例如时机的把握和成本的分摊），由此形成一种条理清晰的价格策略，将比单一的产业细分更容易获得成功。

阅读表10-1，注意前期定价和后期定价如何在不同情境下取得了成功。在本案例中，如果你们公司的产品提供了更多的信息平台，但由于缺乏标准兼容性而被弃置且不具备再销售价值，那么你一定会把寻求即时业绩最大化的部门用户买家作为销售目标。

表10-1 根据目标评估所得出的差别

情境	目标	策略 A	策略 B	细分胜者
业绩最大化者，例如部门用户	为最初的目标提供更多的信息平台	最初每平台1美元，终生每平台20美元		策略A
生命期的净现值最大化者，例如信息技术	实现生命期内最好的每平台价格，包括支持、培训和软件		最初每平台2美元，终生每平台10美元	策略B

两种标准下的策略比较（与组织有关）

为了在"战场"上维护客源，时机的把握很重要，因为顾客对产品的理解会随着时间发生变化。以下就是价格和正确的信息帮助企业反亏为盈的例证：一家为小型企业提供软件服务的龙头企业正面对着大量对手的低价竞争，它们以该龙头企业一半的价格提供后勤管理应用软件。小企业客户流失严重。龙头企业的产品性能更好；竞争力研究已经证明竞争对手的应用软件存在诸多的操作问题，但这对消费者来说似乎并不重要。

仔细研究小企业的决策过程，就会发现一种典型的模式：在一个三人或五人的管理团队中，一位经理负责后勤管理，例如账单和工资单的管理等。管理团队的其他人员侧重于销售、运营和其他职能。负责后勤管理的管理团队成员往往对市场龙头企业及其产品非常忠诚。然而，诸如计费账务系统更新和大件产品采购等主要支出，则由整个团队共同做决策。

其结果就是，当所谓的同等产品价格仅为原产品的一半时，管理团队的大多数成员就会投票选择低价的替代品，因此会以多数票击败后勤经理的选择。决策变化后，失败的后勤经理人员将不得不适应新的软件提供商，逐渐失去与市场龙头企业的联系——看不见其优势和产品的提升。

旨在保留客户的定价策略可以防止与客户联系的中断。在收到取消服务定制的通知之后，市场龙头企业不是终止服务，而是继续提供一年的免费服务。在此期间，忠实的后勤经理将会比较前后两种服务，并且通常会找出新服务存在的缺点。在一些情况下，这些缺点很严重：账单结论错误，或是应收账目未能体现争议问题。这给后勤经理提供了具体例证，证明使用新服务可能造成的危害。通过具体的例证，不忠诚的管理者们通常会同意重新转向市场龙头企业进行购买，因为把顾客发票弄错可是一个大问题。

因此，情况通常会随时间的推移而变化。双方力量发生转换，看似失败的一方反而获胜了。

> 时间对于定价策略来说至关重要。要在你的客户和竞争对手还无意于与你做价格之争时，处理价格问题。

市场新入者（市场偷袭）。除了新的市场进入者，偷袭竞争对手本土市场的公司将面临改变顾客消费习惯的难题。一般来说，新的市场进入者将提供性价比更高的产品给潜在顾客（该价格可能高于或低于现有厂商的价格，这取决于产品或服务的质量），目的是使顾客觉得这种改变是值得的。如果一个市场上有众多的竞争者，

企业可能会重复采用降低价格的方法以获得市场份额。因此，竞争者越多价格通常就越低，也就不足为奇了。

为了发出更低价格的信号，新的市场进入者往往倾向于制定相对简单透明的价格。当产品或服务的价格易于比较时，实施低于现有厂商价格的定价方法最为有效；当购买产品或服务较为复杂时，其有效性就会下降。通常，复杂化和隐形价格因素不是新的市场进入者的最佳策略，因为它们会迫使顾客去理解市场新入者的价格优势——这可能是顾客不愿意去做的。[6]

了解失败者的策略很重要，因为每个企业都会在不同时期的不同市场上扮演失败者、挑战者或市场新进入者的角色。小型公司会扮演者这种角色，比如进入花卉零售市场的鲜花邮购 Calyx & Corolla 公司。进入新领域的知名公司也会扮演同样的角色，比如进入高端宠物食品市场的宝洁公司。海外扩张的企业同样如此，例如大型汽车制造商强势登陆中国市场。

长途电话服务市场就是证明"新厂商定价越简单越好"的例子。大型企业用户的合同长达数百页，涵盖十几个部分，例如用途、地理位置、安装和特点等。经常出现的情况是，要进行直接的同一基准的比较很困难。这就是为什么价格对于捕捉大企业客户不如赢得小企业和个人客户那么有效的一个原因。这也解释了为什么 Skype 公司和 Pioneer 公司等网络电话（VoIP）市场的新进入者会对新用户提供简单资费标准——要么费率持平，要么每分钟一两分钱。

相反，客户的惯性和保守主义对现有公司有利。为了避免改变供应商的麻烦与可预见的风险，客户通常容忍现任供应商的重大溢价。例如，施乐公司的质量计划中曾经包括一项政策，允许现任供应商收取比潜在供应商高15%的溢价，只有在溢价高于这一幅度之后才会考虑更换供应商。

当顾客不愿意给予现有厂商明确的溢价时，实际价格水平往往可以通过复杂的价格结构予以掩盖。除非拥有垄断地位，否则现任供应商有强烈的动机使客户难以直接比较价格。例如，索尼公司等消费电子产品制造商在零售商间使用不同的型号数字，以便消费者无法确定他们是在比较同一型号的商品。同样，在商用化学品行业，买家对价格高度敏感。因此，卖方会确保实际价格只能从许多合同和遍布整个分销链（例如，一些交易使用出厂价，一些交易使用仓库供货价格，等等）的交易中拼凑得出。

一家公司的市场支配力越小，它在价格比较过程中施加阻碍的能力就越小，因此，它一般必须提供更简单的定价。这就是新进入市场的股票经纪公司例如史考特公司提供简单的每次交易7美元的价格，而现有的券商例如美林证券公司、嘉信公司及其他公司使用与流量、股票价格及年费有关的更复杂结构的原因。

市场支配力以及情境的差异意味着一个统一的价格常常不可行。即使是最强大的公司在一些市场和一些情境之下也有弱点。没有一家公司能在它运营的所有领域内同样强大。不同地区市场份额及市场支配力的差异是全球统一价格战略的一个障碍。另外，即使在现有供货商的核心市场上，也存在着对其有利或不利的情境。所以，价格结构应该能够变化，以体现这些差异：在某些案例中，现有的战略是合适的；在另一些案例中，情境对更弱的竞争者或新进入者更有利，甚至对强大的现有公司不利。

例如，在商业喷气发动机采购中，需要对于零配件及供给品实行多源采购——这种要求是由于航空公司担心会因为来源单一导致在替换部件的价格上任人宰割。[7] 这种要求就可以成为实力较弱的供应商的一张很好的入场许可。

虽然主要供应商和次级供应商都必须保证他们的产品和服务是可信赖的，但许多其他的成功要素对于次级供应商来说都与主要供应商不同。现有供应商一定会指望通过销售较高利润的零配件来弥补投标之初低价格造成的损失。次级供应商通常指望通过低配件成本以及与主要供应商的兼容性来显示自己的优势。因此情境与传递的信息可能截然相反：一个是"我们是最好的，我们是唯一的"，这适合竞争主要供应商位置的候选公司；另一个是"我们和他们一样，并且我们是价格低廉的次级供应商的候选公司"。

第三方、联盟和生态系统

利用独立于你们公司与客户之外的第三方，可以加强价格优势。被称作竞争对手的"第三方"可以导致价值折损；而被称作共同投资者的"第三方"可以帮助创造价值，它们通过将其产品与你的产品（或服务）形成捆绑来实现这一目的。比方说，智能手机生产商和软件开发商会形成这样的捆绑：有时是同时购买（软件已经预装在手机中），有时是软捆绑——软件和手机可以通过相同的渠道购买。第三方也可以帮助你们公司的产品实现价值并将价值货币化。

当与你相关联的多方都承担这一角色时，它将在调整情境、扩大影响范围这两方面都发挥有力的作用。以下是一些具体案例：

　　娱乐业。令一些游乐园的管理者欣慰的是，他们在当地社区已经拥有了众多的仰慕者。这些支持者，或者我们称之为"大使"，是主要的游客和收入的来源，也成为一种重要的情境。当外地的亲戚与朋友到来时，这些大使们很可能推荐游客们去游乐园玩。然而，在许多案例中，游客的来访频率超出了大使预期再次参观游乐园的意愿或预算。

　　这种情况下，一个解决方法是建立一种会员制度，会员可以无限制访问，甚至凭借和大使的联系可以给予外地游客10%的折扣。考虑到其影响力，高回报便随之而来。由于少部分大使获得了较大折扣，接近全款的相关访客人数大量增加。在很多市场，情境都包括倡导者，如一些活跃的用户、具有影响力的评论家、博客主人或家庭成员。

　　建筑业。在建筑业中，影响力和资金将从主开发商或所有人流向建筑师或开发公司，然后流向总承包商，继而流向分包商。一些供应商已经与链条中的下一级建立起联系，这对双方的定价都有益处。例如，类似特朗普公司（Trump）这样的开发商拥有一些经常合作的核心承包商，所以他们无须被告知特朗普公司的偏好与标准。

　　同样，主承包商与许多技术性分包商之间也建立起联系，例如屋顶承包方或地基的混凝土奠基方等。这不仅有助于减少主承包商对于质量不确定性的担忧，而且也有助于拥有更高技术但每小时费用也更高的分包商从重复的工作中赢取更高利润，因为主承包商和分包商都明白对方的期望——这就消除了不确定性。此外，这种联系使双方拥有更多机会讨论要求和成本，防止问题的发生。这可能会导致每小时更高的收费，但更重要的是，由于采购单位得到了重新界定，所以问题减少，风险降低，从而总成本将下降。例如，并不是所有建筑的地基都同样容易填充。地基分包商和主承包商的对话可能非常具有成效，这也可能是长期合作关系的一个重要部分。

　　金融业。"生态系统"运行并获得丰厚收益的案例出现在华尔街。启动IPO（首次公开上市）融资周期在很大程度上依赖于情境来设定价值。如Facebook的案例中，高盛投资公司在启动融资阶段寻找投资商的过程中发挥了重要作用。这些投资商的表现十分出色。微软在2007年投资2.4亿美元，这些投资在2011年的价值已经增长到150亿美元左右。高盛投资公司同样设计了一种特殊的工具，可以使其旗下的一些最佳客户投资Facebook：这种工具将数以百计的投资人合并成为一个投资者，因此避开了美国证监会的规定——要求拥有499名以上持股人的公司必须提交收入季报并向公众公开财务信息。

作为帮助Facebook上市实现价值的回报，高盛公司收取了高额的费用——40%的招募费和5%的投资利润。它还可能控制Facebook的首次公开上市。如果你认为上市的估值是准确的，那么目前高盛的"盟友"投资者们得到的回报已超过投资额的60倍。当Facebook与其投资者朋友们抵达IPO的终点线时，高盛已经将超过20亿美元收入囊中。总的来说，这一安排体现了一种非常成功的生态系统情境。[8]

这些案例提供的经验是，你们公司可以从外界捆绑资源或捕获实现价值的情境。很多案例表明，这种第三方联盟更为有效，因为它们有助于在更宽广的舞台上实现情境，这是你们公司自己无法做到的。比如，对于教育产品来说，集结一组博士肯定比你自己进行产品评价要有效得多。

第三方合作的另一个好的特征是，它们通常是出于自己的目的与你结成同盟关系，所以他们不要求支持——仅仅需要一个邀请。例如，当有线电视公司于2009年放弃了美食频道时，对于有线电视公司这一决策直言不讳的批评者包括食材供应商们，例如皮尔斯百利公司（Pillsbury）及其代理商，它们被剥夺了一种有效的广告宣传媒介。美食频道并未为这一特别联盟带来资金流，事实刚好相反，这些联盟者都从美食频道进行购买，因此可以说第三方事实上花钱来成为支持者。

第三方会影响情境，而情境又影响价格，所以这在价格谈判中可作为有用的工具。

成本

成本，通常被错误地称为定价的基础，也可以为制定价格策略带来灵感。尽管成本对于定价的影响只是间接的，但其确实强调了优化定价的机会。如美国邮政提供的广受欢迎的邮政特惠箱服务，其定价不受重量因素的影响（有一些限制规定，但在大多数情况下并不重要），因为美国邮政发现其包机承运的货物在达到重量上限之前，体积就占满了飞机的空间。既然重量不是一种限制性因素，邮政费用就可以忽略它。

一个小范围的例子来自于康涅狄格州新迦南地区的一家名叫Car Spa的洗车

店。该店规定，每次洗车服务在接下来的三天内都是有保障的。宣传中提到的好处是，如果遇到下雨的情况，车主可以把他们的车开回来免费再清洗一次。这项服务的逻辑很强大：引诱车主们冒着坏天气的危险去洗车。由于洗车本身的可变成本很低（一些洗涤剂和电力），所以增加的利润不会被材料成本抵消掉。

管理层如何看待成本，将会对最终结果和竞争者的定价方法产生重大影响。通常对这些影响的关注集中表现在会计差异上（比如采用《公认会计准则》和不采用《公认会计准则》的差异）。但是，我们还遇到过差异更大的情况。管理成本核算方法的不同可以对定价结果和竞争情境产生更大的影响。

例如，20世纪80年代早期，美孚石油公司欧洲分部所采用的管理方式要优于大部分竞争对手，并且在将边际成本计算法应用到市场的过程中也表现出色。简单地说，其理念就是将成本最高的燃料源应用于价格最低的市场（边际市场）。这种方式和将燃料实际成本机械地应用到与之最近的特定市场上的做法截然相反。根据表10-2所示，两种做法的结果显然有重大差异（总利润相差30%）。

在该表中，边际成本计算法在边际分销（价格最低）区域运用边际（成本最高）供应，结果用较少的资产获得了较高的总利润。这在调整了运输成本的差异后同样适用，尽管按照管理层的话说，这种操作"极其复杂"。

表10-2 边际成本与利润

根据来源计算的成本			边际成本		
收入	根据来源计算的成本	净利润	收入	（边际）成本	净利润
地区Ⅰ：2.5欧元/升	地区Ⅰ：2.1欧元/升	地区Ⅰ：0.4欧元/升	地区Ⅰ：2.5欧元/升	地区Ⅰ：1.9欧元/升	地区Ⅰ：0.6欧元/升
地区Ⅱ：2.3欧元/升	地区Ⅱ：2.2欧元/升	地区Ⅱ：0.1欧元/升	地区Ⅱ：2.3欧元/升	地区Ⅱ：2.1欧元/升	地区Ⅱ：0.2欧元/升
地区Ⅲ：2.0欧元/升	地区Ⅲ：1.9欧元/升	地区Ⅲ：0.1欧元/升	地区Ⅲ：2.0欧元/升	地区Ⅲ：2.2欧元/升	地区Ⅲ：退出
合计：0.6欧元			合计：0.8欧元		

边际成本计算法的好处不仅仅在于短期的利润。这种方法使该公司能够从德士古石油公司（Texaco）和英国石油公司（BP）购买资产，从而巩固其在可赢利市场

的地位。尽管在当时的情况下其实并无必要，但是使用边际成本计算法还是为美孚石油公司在价格竞争过程中提供了更多定价选择。

风险作为决策中的一环

有趣的是，勇气在制定军事战略中发挥着重要作用，同样，在定价决策中也是如此。那些不太擅长定价的经理人通常会对定价产生畏惧心理。从某种程度上说，谁又能责怪他们呢？

大胆的决策确实需要勇气。美林证券公司的总裁唐·里根（Don Regan）在公司推出现金管理账户（CMA Account）时冒着丢掉工作的风险，进行大量系统投资以支持这一产品，结果取得了巨大的成功。同样，戴尔公司多次涉险大量采购以降低价格，对个人电脑采用激进的定价策略。酿酒商杰斯·杰克逊（Jess Jackson）冒险将一种名为"酿酒师珍藏"的不太甜的新款葡萄酒推向市场，标价4.5美元一瓶。第一年的销量为2万瓶，远远低于盈亏平衡点5万瓶。但是杰克逊并没有放弃。最终销售量增长到了每年500万箱。这让肯德—杰克逊酒庄从此成为了一家大型葡萄酒厂，尽管它面临着世界上最大酿酒商嘉露酒庄（E&J Gallo）的竞争。[9]

那么为什么勇气是如此重要呢？勇气对于成功定价来讲至关重要，因为只有拥有足够的勇气才能接受现实。例如，1991年IBM公司作为路由器的开发商，是当时最主要的路由器供应商。然而一家名叫思科系统（Sisco Systems）的小公司有效地将更多的数据代码编入到路由器当中，于是出现了明显的价值差异。

回顾起来，很显然，IBM公司本应该尽最大努力从思科公司手里抢回数据代码的领先地位。没有达成这个目的，它就应该利用定价和捆绑销售的策略来挫败思科公司的大举进犯。诚然，提供较低的价格将不符合著名的"IBM高端"理念，但是这么做会使IBM有时间去追赶。遗憾的是，由于IBM通信公司的时任领导艾伦·汉考克（Ellen Hancock）拒绝考虑这一选择，所以IBM把路由器市场让给了思科公司。由于她拒绝面对现实，导致了IBM数十亿美元的损失。

坦率而言，大多数公司都面临着巨大的压力，要求其采用"正常的"定价。在处理贝尔大西洋公司（Bell Atlantic）的财务时，本书的作者之一也有过类似的拒绝接受不正常定价的经历。强势的倡导者们强烈建议收购寻呼公司，它们在20世纪80年代非常繁荣。然而，运用资本资产定价模型（CAPM）的结果却显示，该交易适用的最低回报率要超过80%。这使得生意告吹，但仅仅是因为财务部门人员一致认定这一分析是正确的。对于非财务人员来说，80%的折现率即便是计算正确，也显然应被忽略掉。[10]

> 成功定价大抵需要勇气——在大多数情况下，至少需要勇气坚持正确的数字。

价格变动的影响

同样，在许多价格决策中都存在一些没有坚实基础的数据，并且因此往往被无伤大雅的数据所取代，从而导致错误的定价。而最难以分析的数据，经常是分析针对一个消费者的价格变化会给其他消费者的价格带来怎样的影响。如果你能够牢牢抓住一个消费者，这会提高你们公司对另一个消费者的定价吗？如果你降价了，那么这将对你维持针对另一个消费者或客户群的价格造成什么影响？

公司的通常做法是假设零影响。这可能是正确的，也可能是完全错误的。然而，扎实的战略不止需要一个默认的答案或者忽略这个问题。就像沃伦·巴菲特评论的，"风险来自你不知道自己正在做什么"。

正确的方法是评估不同定价决策之间的相互影响。这包括了解消费者是否会在购物价格上彼此交流以及如何交流，也应包括评估你的销售人员或者市场管理团队将对低价销售做出怎样的反应。一项关于手机市场的调查发现，绝大部分的客户降低购买层次转向更便宜的价格，都是因为他们自己的手机供应商无意识的交流导致的。在B2B市场上，一个公司自己的销售团队通常是价格的破坏性沟通的主要驱动力。

> 最重要的估计往往也是最困难的：预测一个消费者价格的变动会对另一个消费者价格的影响。这时，零影响的默认假设将是极其危险的。

除了评估价格变动的影响之外，公司可以做很多事情来减少消费者价格交流带来的影响。首先是采用本书倡导的情境定价方法。当销售市场一开始就具有合适的价格时，之后需要做的损害控制就少一些，而关于折扣的持久战就会失去它的大部分意义。

另外一个控制相互交流的方法是使用价格结构。就像前面提到的，每个定价情境通常都有自己的定价结构，部分原因是消费者需要，另外也会减少相互交流。问问你自己：采用有上限可变定价法的消费者，能够轻易地与运用累计定价法所制定的一揽子价格的消费者进行价格比较吗？结构差异使得不同的价格水平不具可比性，或者至少需要计算，消费者才能确定是否其他人的交易价格更低。

评估损失风险

市场领导者普遍存在一个问题是，渴望不失去任何一个谈判的买家。这一政策有效地剥夺了市场领导者的大部分谈判能力以及勇气。尽管你可以采用很多谈判策略，但概括来说，"如果你没有选择，你就不能谈判"[11]。随着时间的推移，这往往会导致你们公司享有的所有价值溢价的降低。

没有明确的财经数学知识能够解决这个问题，而如果没有大胆的估计，情况将会更糟。简言之，问题就在于：哪一个更为重要？是被定价的客户经风险调整后的预期生命周期价值，还是其他客户可能受此价格后果影响导致的生命周期价值的减少？

这个问题在消费品市场也同样适用；在这里，计算可以按照细分市场进行。打个比方，如果我们降低了郊区超市里的商品价格，在山姆会员商店也要降低到同样的水平吗？

在这两种情况下，核心的计算都是要弄清楚坚持一个价格会产生多大影响。因为什么都不确定，所以这只是一个概率性的数值（预期值）。但是通过采访客户和创立模型的方式，可以量化收入或损失的概率。比如说，一家集团健康保险公司发现，有些中等规模的公司员工高压致病的发生率很高，如果对这种公司提高保费，从其他中等公司得到的保费收入从长期来讲可以弥补最初的市场份额的流失，因为其他的集团保险公司也会效仿这种做法，而这一细分市场的雇主们没有更划算的选择。

你的客户群体越小，预估风险就越难。对于一个相对庞大的客户群（比如黑莓手机用户），采用一系列统计试验，也可能再加上一些顾客使用和放弃情况的模型，就可以得出明确的答案。在买方垄断或集中的情况下，需要广泛地调查买方的决策过程，与决策者进行不露痕迹的探讨和对话。好的一方面是，在买主较少的情况下沟通可以直接得多，并且还可建立一个回报很高的客户团队来影响最终的结果。

降低风险

有关风险的最后一点：风险是可以降低的。一种降低风险的办法就是给顾客们提供一种选择——也许不是他们最理想的选择，也不是保持现状，而是另一种选择。这样的话，如果最终你在价格（或其他）变动上出现了失误，那么对方可以选择损失最小的选项。比如说，如果你想限制数据使用情况以维护网络经济，不要只是颁布限制法令，而是要为使用者提供一系列其他的选择，这就相当于向过量使用征收大笔附加费，从而减轻网络拥堵。[12]

另一种降低风险的办法就是为那些担心价格结构变动的买家提供"保险"。这种保险可以是简单的价格保证，即下一年顾客所付的价款总额不会增加。我们会发现这样的保证能够转移任何问题，并且为下一年的赢利奠定基础。

另一种形式的保证就是保证你们公司所生产的产品或所提供的劳务的价值。例如，2008年一家大型有线电视网对有线公司等下属企业增收许可费。由于当时整个经济都陷入深度衰退阶段，所以很多买家对于在衰退时期支付更高的费用十分担忧。它们担心收视率会大幅下跌，而广告额也会随之减少；这些公司担心它们会有过高付费的风险。

为了消除它们的忧虑，有线电视网提出，如果收视率降低则会为它们提供补偿。给这种保障本身定价就相当于在卖出期权（根据著名的布莱克—斯科尔斯期权定价模型）。电视网为这种收视率保障制定了价格，并且将其出售给买家。这种做法降低了买家们的顾虑，尽管最终没有买家使用这种期权。

大多数的企业应该考虑在必要的时候提出类似的价值保障。我们发现计算出的价值通常是比较合理的，并且把它增加到谈判情境之中往往可以在双方交涉的过程中削减对手的筹码。这种工具的有效性在于，不断有研究表明相比于收入带来的好处，买家们通常更重视亏损——尽管这二者客观上讲是同等的。因此，明智的做法是尽力减少或消除客户对潜在损失的恐惧。

为你的客户提供选择、保障或保险，以减少价格变动带来的市场风险。

执行能力

在竞争日益激烈的市场上，负责定价的经理人要考虑他们是否具有面对新的竞争时有效定价所需的分析能力和企业管理能力。如果不是，现在是制定定价策略并打磨你的定价武器的时候了。

当然，针对每个公司及其相应的能力，定价策略的一些要素应该是不同的，但是仍然有一些相当典型的定价行为。现有厂商和新进入市场的竞争者常常选择不同的定价水平和定价结构（见图10-1）。

在竞争市场中有定价责任的管理者必须考虑他们是否有广泛的分析能力和管理能力来面对新的竞争并保护好股东利益。另外，管理者必须明白各种定价工具的操作风险。比如，打折会带来操作风险。几年前，一家大型烟草制造商为其批发商提供了很优惠的批发价。但是它没能构建新的价格结构使得优惠传递到终端客户身上。结果是，批发商们得到一笔一次性的意外之财，终端客户却没有看到任何价格变化，制造商也没能赢得任何新的市场份额。

在一些市场中，信息技术能力至关重要。合适的信息技术能力不仅有助于提高客服质量以支持高价政策，而且也有助于支持市场细分和价格变化。然而，一个公司如果超出其信息技术能力去推动其定价策略，反而会适得其反。比如，一个处于领先地位的电信公司无意间将100万的支票寄送给了自己的客户，这些支票本是用来引导其他用户改变供应商的——这一举动使其不必要地花费了3,000万美元。那天我们碰巧来到了委托人的办公室，透过人们的眼睛你会想到一颗炸弹刚刚爆炸了。但是真正要学到的一课是这家电信公司将其古老的系统推行到了其可以安全操作的范围之外。[13]

情境定价

现有厂商

- 如果新进入厂商能获得消费者的注意,那么新的参照价格将会是他们的报价(随细分市场而变化)。
- 重新平衡你的定价来避免大的差异。
- 如果他们的报价范围很广,你也许能通过攻击新进入厂商的核心产品来进行反击(例如,通过转售或者产品扩张及产品创新)。
- 在所有情况下,要明确可以进行价格竞争的意愿——向新进入厂商和顾客传递信息是关键。
- 实施挽留顾客的策略,例如奖励积分、合同,等等。
- 捆绑服务,包括以新进入厂商为目标的"杀手捆绑"。
- 制定针对攻击者投资计划的价格策略。

新进入厂商

- 你要从可以引起买家注意的方面形成与现有厂商的对比。
- 从最具吸引力的细分市场开始。
- 利用简单的定价机制。
- 利用代理人和第三方激励来赢得具有影响力的人群与渠道。
- 价格(价值)必须要能迫使行为转变。
- 挽留客户的策略应该和长期结构结合起来,尤其是在面对其他新进入商家的时候。

市场

图 10-1 竞争对手的参考要点:
现有厂商(防御者)策略与新进入厂商(攻击者)策略的区别

为双寡头垄断和寡头垄断制定战略

一个行业中两家主要企业参与双寡头垄断定价,代表了价格竞争的一种特殊情况。通常,"舒适的"这个词会出现在"双寡头垄断"这个词前面。这个短语很好地描述了双寡头垄断和寡头垄断的最佳定价策略。没有一方能从价格战中获利,但是增量收益还是可以接受的。举例来说，美国联合航空公司（United Airlines）通过激烈的竞争成功地将边疆航空公司（Frontier）和其他航空公司排除在芝加哥奥黑尔机场之外，但是却必须允许美国航空公司（American Airlines）扩大其现有的经营范围，因为该公司从20世纪30年代就在此经营了。这是一个说明双寡头垄断竞争分层规则的一个很好的例子。

那么这意味着什么？这表明竞争必须要表现为定价能力的提升和价格水平的改变，而这些变化不能被解释为是针对竞争。只要对直接的价格攻击的否认是可信的，双寡头垄断平衡就不会被打破。继续看航空公司的例子。1980年，美国大陆航空公司受工会的罢工影响，12,000个员工离开了工作岗位，管理层推出了一项活动，在该航空公司的所有直飞航线上实行49美元的低价。这个价格宣称的目的是镇压罢工，留住顾客。尽管很多新的乘客被这一低价吸引，但因为它没有针对任何竞争对手，所以低价没有引起价格战。

那么双寡头和寡头能使用什么样的策略进行价格竞争？以下提供了三种常见的做法：

1. 提高定价的复杂性。更复杂的定价工具包括更好的需求管理系统，像航空公司的 Sabre 系统；将服务站建在冶炼厂周围的综合性石油公司所实施的更好的以成本为基础的定价；更好的改进产品特性的捆绑销售（如果做得不好会事与愿违）；以及处于领先地位的参与者之间发出的价格信号。
2. 改善与价格相关的条款。尤其是保证顾客忠诚度的条款。一个例子就是 AT&T 公司的移动电话通话累积时间计划，以及在第六章提到的其他挽留客户的策略。
3. 产品创新。严格说来，这不能算是一种定价策略，新产品的一个优势是双寡头竞争者之间没有直接的比较，而且通常产品创新是一种以低于竞争对手现有产品的价格销售产品的方式。比如，许多数码产品在功能上和先前的产品实际上只有很小的区别；但是，深层技术的改变、成本基础和功能差异，都成为有效的攻击工具。[14]

当市场新进入者在双寡头中的一方市场中成功地站稳了脚跟，或者当双寡头中一方的市场支配力逐渐落后的时候，双寡头垄断市场的局面将走向结束。一个新的市场进入者通过聪明的定价方法成功站稳脚跟的例子发生在1973年，当时排名前十二的布兰尼夫国际航空公司（Braniff International）开始面对来自新兴的美国西南航空公司（Southwest Airlines）在休斯敦—达拉斯航线上的竞争。为了扼杀新兴的竞争者，布兰尼夫国际航空公司用13美元的低票价进行反击，这是原价26美元的一半。西南航空公司由于财政告急，给乘客提供了两种选择，13美元的票价或者是26美元的票价外送一瓶芝华士威士忌酒。75%左右的游客选择了赠送酒的高票价。西南航空公司最后存活下来了。

接下来布兰尼夫航空公司就该面临被同行吞并的事实了。到1975年，布兰尼夫航空公司从休斯敦—达拉斯航线退出，几年以后，由于美国航空公司的激烈竞争，布兰尼夫航空公司倒闭了。鲨鱼会围攻受伤的猎物，与之相似的例子包括哈考特出版社在21世纪被肢解，以及资深的金融玩家雷曼兄弟在2008年的金融危机中被吞噬。

双寡头之间竞争的性质因每家公司内部责任水平的不同而不同。在高层管理之外，竞争非常激烈、非常致命，同时也受到鼓励。在存在销售补偿计划和部门管理目标的情况下，输赢对一个客户经理、产品经理或者是一个部门副总裁来说意义重大。

然而，高层玩的是另外一种游戏。我们姑且称之为"大战略"。市场战略和大战略之间的区别在于：前者关注输赢和杀死敌人；而大战略并非如此，它的注意力放在"通过战争来获取更好的和平——哪怕只是从某个角度来看"[15]。这意味着高层管理者的关注点包括如何避免毁灭性的价格战来保证长久的公司利益。除非很明确地显示能够除掉一个竞争者，否则高层管理者会避免相互毁灭的风险。正如可口可乐的前任董事会主席内维尔·伊斯德（Neville Isdell）曾告诉他的高级管理人员的那样，"小心后果的后果"。

小结

总的来说，只要处理得当，价格策略有助于对抗新的竞争者和保持利润率，或者是占领新的市场。但是价格策略必须反映被定价的产品和服务的相对地位——关键是新进入厂商和现有厂商之间的区别。市场情境和细分市场不同，价格也应随之变化；否则，要实现公司目标，你需要付出的努力就要比实际需要多得多。价格结构必须反映你的目标和执行价格策略的能力。最重要的是，价格策略是随着时间的推移而实施的一系列综合的管理行为，旨在创造持续的价格优势。

注释

1. 一些最好的情境定价法存在于偶然事件中。参见 "After 181 Years, Local Beer Stops Playing Hard to Get," October 21, 2010，B1版。注意交易量乘数是如何使得随后的价格水平提高变得可取的。
2. 正如军事战略家发现的那样，制定战略要求利用战场独有的特征（例如"地形研究"），定价者同样应该利用市场不同寻常的方面——我们称之为情境。克劳塞维兹·卡尔将军也曾评论说："没有哪块地形是一样的。"在他的《战争论》(1873)这本书里有专门的章节讨论与山峰、森林、河流、沼泽相关的防守和攻击，以及其他指导军队如何进攻和防守的因素。最近，B.H.里德尔·哈特也指出在战争迷雾中可能会遮蔽另一方视线的因素的重要性。这对于定价也非常适用，只是我们面对的是消费者偏好和预算限制而不是高山和沼泽。顺带说一句，里德尔·哈特是现代坦克战的发起者，他的崇拜者包括乔治·巴顿将军、费尔德·马歇尔·隆美尔等人。见 B. H. Liddell Hart, *Strategy*（Second Edition）, Praeger, N.Y., 1967, pp.335–346。
3. 见 Mike Farrell, Multichannel News, December 9, 2009, 5:00:51 pm。据2010年1月21日《纽约时报》B3版称，费率涨幅很大：从每个用户8美分，上涨到每个用户25美分。
4. 见 foodnetworkfans.com。
5. 在一个专业的服务市场上，精明的现有厂商已经弄清了竞争性侵袭者的定价门槛。一位强势的CEO使价格刚好保持在那个水平以下。而在那家公司被收购以后，新的公司所有者想要增加回报，因此提高了价格。三年内，该公司已经失去了足够的市场份额，收入呈现出负增长趋势。
6. 更多关于结构的讨论请参见第六章。除了避免价格透明外，市场领导者有强烈的经济动机去赞成更加复杂的二部定价法。经济学家 Walter Oi 在其对迪士尼定价法的经典分析中指出了这一点。迪士尼游乐园会征收高额入场费，如果你进去之后，乘坐了游乐设施，也会征收一部分费用。Oi 通过对游乐设施征收边际成本费用和大额入场费来对此进行论证，迪士尼（或者任何拥有大量市场份额的实体）最后都会比仅仅征收游乐设施使用费要获得更大的利润。
7. 超越喷气式飞机引擎以外的正当担心。亨利·福特曾经评价说："如果别人向我保证向我销售替换部件，我会把我的汽车免费送给他们。"可能就是因为他认识到了情境的作用。
8. 见 "Goldman's Buddy System," *The New York Times*, January 4, 2011，B1版和B6版。这个生态系统反映了菲比·普莱斯考特的声明。菲比·普莱斯考特是一个高级运输战略家，他指出，在非商品采购中，"只有在双方都能在这种关系中得到什么的时候，这份关系才起效"。
9. 嘉露酒庄采取了正确的策略：它生产同样商品并以具有竞争优势的价格进行销售，但是很明显肯德—杰克逊的创新不仅于此。见 "Jesse Jackson Dies at 81," *The New York Times,* April 22, 2011, B11 版。

10. 寻呼公司随后的表现与最低回报率要求的估计相一致。通常分析员也会因为正确的分析而被驱逐。见 "The Loneliest Analyst," *The New York Times*, Sunday Business, September 12, 2011, P1 版, 讲述了一个华尔街分析员的故事, 他因为讲出了真相而付出了高昂的代价, 虽然他是对的。

11. 美孚石油公司的前总裁威廉·塔沃拉里亚斯(William Tavoulareas)。对于有一定成熟度的产品, 总有可以保留的部分。例如, 你们公司可以替换掉低端服务, 以提供高水平服务。

12. 见 H. Raiffa, *The Art and Science of Negotiation,* Harvard University Press(1982)。还可以参见 "FCC Chief Backs Metered Broadband," *Wall Street Journal,* December 2, 2010, B3 版。另外一个重要的概念是避免目标过高而被买家拒绝, 因为这会损害谈判大师芭芭拉·梅里所说的"谈判资本"。在2008年, 发生了一件这样的事: 一家化学公司和供应商终止了谈判, 后来却发现那家供应商其实是最好的选择。那家化学公司现在要为供应商的产品多支付40%的费用——比最初在谈判桌上所说的15%的增加额实质上要更多。

13. 在紧急情况和竞争压力下, 你一定会想让这些要素超出它们的能力范畴, 这种想法是可以理解的。只是不要太过分。回到军事比喻中来, 第二次世界大战中, 在丹麦海峡, 德国的"俾斯麦号"战舰和英国皇家海军舰艇"胡德号"和"威尔士王子号"之间发生了著名的战役。"威尔士王子号"入海时舰艇仍在建设之中; 当它远航去阻截德国舰队时, 技工和木匠仍在甲板上工作。虽然海军部做出了存在风险的决策, 但这是必要的。"威尔士王子号"数次击中"俾斯麦号"战舰, 迫使德国战舰缩短了原计划的航线。

14. 价格战可能由意外事件或者错误的信号所引起, 但是更多情况下是由某一竞争厂商急剧提高产品或服务的性价比引发的。这会迫使无法提高质量的竞争者降价来保持竞争力——具有讽刺意味的是, 这也会导致产业定价下挫。双寡头逐渐走向尽头的例子包括中国、巴西、加拿大和俄罗斯进入100载客量喷气式飞机的市场。详见 "Airbus and Boeing Call End to Duopoly," *Financial Times,* June 21, 2011, 第14版。

15. 见 Liddell Hart, pp.366–372。这也解释了为什么我们会发现当高层管理者进行谈判时, 即时的价格往往会不利于企业。

第十一章　更高回报：新产品推广定价策略

> 让我们总是微笑相见，因为微笑就是爱的开端。
>
> ——特蕾莎修女

　　当你们公司有一项新产品或服务准备投入市场的时候，你将如何利用价格来吸引消费者注意并促使他们购买该产品呢？

　　决定一项新产品推广定价计划是否成功的因素有两个：认知和时机。就本质而言，对于潜在消费者并不熟悉的一项新产品，向大众推广的责任应该由销售方承担。你们公司如何制定新产品的推广价格应根据不同的产品而变化，然而即使应用在不同的产品上，成功定价的基本框架也是相同的。

　　好消息是卖方一开始占据着优势。卖方比第一次购买新产品的买方更加了解产品（或服务）及其用途，因此能够根据卖方优势制定推广价格。然而仍有许多人在坚持采用忽略自己优势的推广价格计划。太多公司使用"打折试用、继而全价"的两步定价方法。这种方法开始反映出产品认知和支配力的演变，但也只是一种粗略的估计。什么是更适合的方法呢？

顾客采用新产品的三个阶段

市场对新产品有着相同的吸收模式，而这种模式必须成为新产品推广定价策略的体系框架。三阶段模式是：

1. 学习
2. 使用和享受
3. 再评估

学习

消费者的产品采用模式由他们的消费认知驱动。举例来说，在消费者使用产品前，他必须要了解该产品。在他知道新的服务提供哪些好处之前，寻求其他替代品毫无意义。这种模式可以用很多方式识别，比如通过顾客焦点小组在使用和熟悉服务或产品的不同阶段做出的反馈，或者通过观察现实生活中消费者的行为。

熟悉新产品或服务的阶段对考虑定价的新产品开发团队来说是个关键问题。

除了问卷调查以外，电话访问也是一种了解新消费者心态的好方法。典型的新产品，尤其是那些具有开创性的产品，在最开始投放市场时非常需要营销电话的说明与协助。软件运营产品（SaaS）的一个此类电话访问模式的实例表明，这种咨询协助在12天后开始减少。由此，管理者们可以推断出学习阶段基本在两周内结束。

需要注意的是，顾客自身熟悉产品和销售人员指导顾客了解产品的全部价值之间有着很大的不同。后者会花费更多时间，范围也更加庞杂，它涉及的内容远比新产品推广定价要多得多。熟悉产品是试用的根本目的。

使用和享受

如果一项产品适合市场，那么人们熟悉产品后就会使用它。当使用产品或者享受的服务可以衡量的时候，使用的衡量通常集中在学习阶段快结束的时候。这是因为购买者已经学会了如何去使用该产品——产品的效用和满意度也随之上升。而这也是可以被衡量的。满意度可以直接衡量也可以通过使用情况等别的方法来衡量，它是决定何时结束试用并敦促客户购买的关键因素。如果产品具有实际价值，消费者会十分乐意利用其价值。

观察使用数据往往能够显示出情况进展如何。比如，消费者本已决定退货，但根据一些网上信息服务提供者的描述，反而转向使用该商品。回归分析指出，在试用阶段使用和退货之间的拟合优度良好——并且置信水平高（高于90%）。[1]

经过了一段时间的高使用率和满意度之后，大部分消费者开始设想他们是否能用更少的钱获得同等价值的产品。这对于新产品的推广是非常危险的一个阶段。试用可能让人们对产品有一定了解，但是现在对产品价值的认识很可能引发竞争对手或者替代商品的出现。一些公司把电话咨询分为很多类型，那么它们会发现，对价格关注增加的早期预警这时会随着咨询或抱怨价格的电话的大量出现而变得更加明显。从软件运营产品的实例可以得出结论，电话的激增以及随之而来的再评估阶段，从初次购买后的四周时间内就开始了。具有讽刺意义的是，如果一项产品没有经历过价格关注阶段，这可能也是一个不好的迹象——它表明产品定价还不够高。

人们逐渐意识到那些历史上最成功的产品试销定价策略都包含了这三个阶段。AT&T公司的客户数据服务在投放市场的最初几个月里获得的客户超过80万。这项服务的定价相当吻合这三个阶段：在推广学习阶段定价很低（事实上是提供五小时的免费服务），在中期高享受阶段定价略高于市场价，比较阶段使用竞争市场上的价格，如图11-1所示。

这个案例主要告诉我们新产品推广定价并不意味着收入亏损。事实上，AT&T公司在试验阶段获得的边际收益不断增加，这也表明了该公司可以在更大的市场中试销产品。

对产品和客户的仔细分析可以表明，试销并不一定意味着亏损；同样，我们发现新产品推广定价策略也通常不需要采用更低的价格。当一个公司拥有一项新颖、独特并且让人感兴趣但是又很可能在不久之后面临竞争的产品时，没有理由把最初的价格设定在正常水平以下。事实上，新产品推广定价也可能高于正常水平。

情境定价

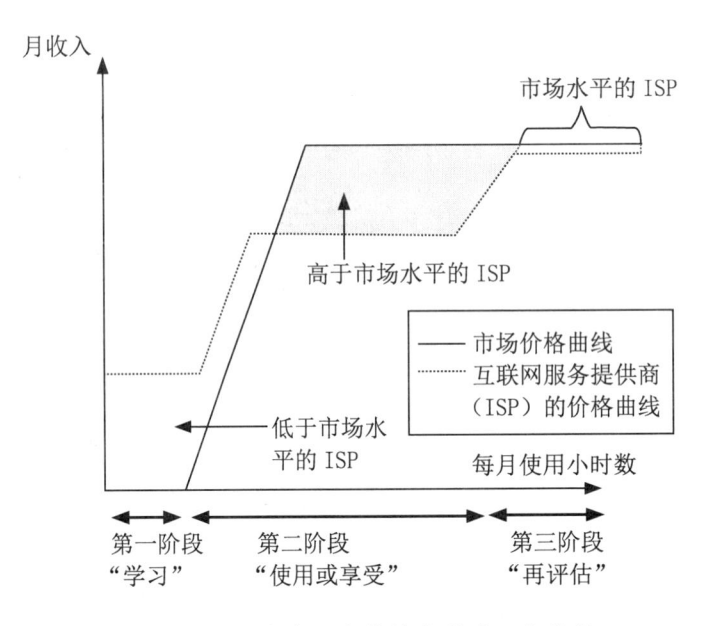

```
月收入
         ┌─────────── 市场水平的ISP
        ╱
       ╱   高于市场水平的ISP
      ╱
     ╱ ← 低于市场
        水平的ISP

── 市场价格曲线
⋯⋯ 互联网服务提供商
    （ISP）的价格曲线

每月使用小时数

第一阶段    第二阶段      第三阶段
"学习"    "使用或享受"    "再评估"
```

图 11-1 买家意识和价格水平的三个阶段

美国在线公司成立之初曾经有过这样的案例。尽管该公司因为其预付折扣而出名，但这并不见得总是适当的。该公司在预装电脑上一直没遇到多大竞争，直到有用户开始联网。因此，公司在预付折扣上给出了一个替代选项：先付全价，在获得合同之后再提供各种打折活动。这是非常明智的，因为它使得折扣与重新评估（第三）阶段相匹配——这时客户已经知道如何寻求低价的替代品。

新产品推广定价策略必须能够反映客户知道而企业自己不知道的情况。

三阶段框架为理解客户及其决策逻辑提供了直接的方式。电脑买家一拆开包装，他要做的第一件事就是上网。在那个时候，美国在线公司是独一无二的，还没有遇到多少市场竞争。管理层清楚这一点，而正是这一框架促成了定价结论：在第一阶段和第二阶段不需要打折。只有当第三阶段扩大使用以后，使用者才会考虑寻求价格更低的替代品。

再评估

第三阶段，即再评估，给美国在线公司出了一道难题。公司在提供丰富服务项目的同时，其每月23.99美元的收费也远远高于同行业竞争者每月5美元的低廉收费。

因此，第三阶段是定价的焦点。美国在线公司设计的定价方案反映了这一危险：

- 第一阶段：全价，但是保留用户取消服务的选择权，以反映消费者的不确定性
- 第二阶段：全价以及合同保证
- 第三阶段：全价，随机提供一个月免费服务

随机提供一个月免费服务的效力在于降低价格透明度。这样客户就会问：下个月会免费吗？在这种情况下，转换供应商会不会白白浪费一个月的免费服务呢？事实证明，这对于阻止新用户的减少是非常有效的一种方式。

再评估阶段应该包括对转换成本的评估。转换成本包括新的学习、联络取消罚金以及终端客户界面转换。转换成本在制定推广价格的过程中占据重要地位。对于转换成本较高的商品，公司应该诱导客户"买进"一些合同要素，若客户选择离开则需要对这些要素进行转换。

仔细留心那些抵消转换成本障碍的成本要素。比如，客户可能买不止一类服务，就像一个公司部门中可能同时使用微软视窗软件和 Apple 操作系统。这被称为多平台接入。多平台接入可能十分累赘，因此当顾客急于摆脱该操作负担时，单独购买的转换成本就很可能被忽略。

广度与深度

我们发现折扣是新产品推广定价中极少涉及的方面，尤其是当我们面对现任服务供应商的时候。其原因如下：

- 现任供应商不可避免地花费大量的时间和精力来完善自身的产品，频繁地增加额外的应用，以便满足各类消费者的需求（例如，电子游戏机添加在线游戏、在线电影、视频编辑功能，或者跨平台移动功能；它们的目标是吸引更多的观众）。

- 尽管现任供应商通常都会提供丰富的产品功能与集成使得一部分消费者受益，但这往往伴随着额外的成本和复杂性，以致易用性受到影响。这种复杂性会经常性地引起产品在某些方面低于标准参数（例如，大部分的女性不喜欢购买复杂的科技性服务，比如卫星电视，因此 Dish 公司和其他的卫星服务供应商的女性用户指标要普遍明显低于标准参数）。
- 这也意味着过分扩散的产品会给竞争者提供机会。这样的产品很有可能会受到有效的新产品推广定价的打击。
- 因此，过分扩散的产品可能会受到用途有限的细分产品的打击。为什么呢？因为消费者不喜欢为他们不使用的功能付费（即便这对成本几乎没有影响，如软件产品）。

此类新产品推广定价的一个有趣案例，来自桌面计算支持市场，其突出特征之一就是高转换成本（与利润相对比而言）。在这个案例中，由于将服务从一个公司转换到另一个公司需要培训用户，所以转换成本高达年度运营成本的15%—25%。在这一案例中，攻击方提供的条件包括在不大量减少供应商利润的情况下，对用户的转换成本提供资助。

上述问题的解决方案在于，数据提供者提供的条件中包括为期两年的统一费率服务保证。其范围仅为基础的服务和维护，其他服务（比如培训）则被视为额外费用。这种方案明显低于现任供应商的价格，因为现任供应商的价格中包括许多额外服务，对此它们征收高利润的附加费。

与此相反的是，新进入者的价格意味着售后服务不会对购买者增加收费（在限额范围内），并且使新进入者可以摊提转换成本。缩小的服务范围进一步降低了成本。其结果就是新进入者的价格差不多是现任供应商的一半。现任供应商认为这一新价格将导致亏损，然而实际上这是更加有利可图的产品合约。

如果用经济学来解释，其原因在于，销售方的风险仅为它的单位小时成本（大约45美元/小时），而消费者却避免了全价费用（大约110美元/小时）。由于成本情境的差异，这是一个双赢互利的方案。

行动呼吁和终生价值

如果一种产品的使用效益增加缓慢并且会给消费者带来转换成本的话,那么对(购买)行动的呼吁就尤其重要了。仿制产品通常如此。具有转换成本的商品包括经纪佣金和理财账户等金融性服务,或者手机账户(尤其是在电话号码可转网之前)等。更糟的是,有些产品有可能实际上永远无法带来任何利益(例如,除非有损失否则大部分保险产品并不会赔付)。

如果一个新产品属于这种类别,那么行动呼吁可能是不可缺少的。虽然许多产品都存在应用行为呼吁的可能,但是如果该行动呼吁是十分重要的,则往往需要花费钱财。为了确定对行动呼吁需要投入多少资金,经理人必须了解客户的终生价值。终生价值取决于预期客户流失和开支。永久性价格结构是改善这两者的过程中经常被忽略的一大因素。如果永久性结构是非常正常的,那么公司存续期间的客户流失也是十分正常的。

由于价格结构反映市场价格驱动力,所以新产品推广定价应与永久性价格结构相契合。

因为价格结构是客户流失和终生价值的主要驱动力,一个更完善的结构能够改善行动呼吁的"预算"。因此,一个更完善的永久性价格结构能够形成更好的推广报价。我们有很多途径来确定最好的价格结构(见第六章),然而为新产品确定一个确切的价格结构往往更为困难。解决该不确定性的一个有效方法是向消费者提供价格和结构的多种选择。如果你不确定他们是想通过统一费率的一揽子价格购买("自助餐式")还是喜欢可变的价格方案("按杯算酒钱"),那么就提供给他们选择。通过自主挑选,消费者通常会根据他们的需求做出最合理的选择——如果他们的认知转变,他们可以转向另一个更好的价格结构。

给购买者提供价格结构和水平的选择能降低你的市场认同风险。

挽留客户策略

在任何产品投放市场的过程中，挽留客户策略都是需要被考虑到的。比如，最后提供折扣而不是预先提供折扣，自然会对降低客户流失产生影响。关于挽留客户策略的一个案例是奖励积分，它们将随着使用而累积，而不是通过购买产生。尽管使用可以增加飞机航线里程累积或者信用卡奖励积分，但是积累到一定的点数以换取某些有价值的东西是需要消耗时间的。直到消费者兑换积分之前，这些积分是阻止客户流失的有效途径，因为这些积分在关闭账户的时候会被取消。（例如，如果一名消费者注销了他的美国运通卡，所有的积分点也都会被注销。）

结构性的挽留客户策略也会被应用到工业情况中。在合约期满时，卖方将支付随机的数量折扣。比如，工业塑料包装合约的生产商非常有技巧地使用数量折扣，通过调节折扣来获得市场份额和部署新产品。"有技巧"意味着折扣有可能会具体到地理位置，甚至仓库。多层次产品折扣的另外一个优势是，当折扣与未来的订单绑定时，购买者想要解除合约是很难的。这是包装生产商在近期经济低迷期并没有像其他部门那样损失惨重的原因。

免费

我们来简单谈一下"免费"。这是一个强有力的词汇，但可悲的是，消费者接受它时并没有经过细致的思考。当接受者甚至不考虑与销售者诚实交流的情况下就应用免费的话，那么品牌很有可能被毁。

什么是免费？在一些案例中，对免费的呼吁实际上是对定价简单化与人们惯常所渴望的更低价格结合起来的呼吁。比如，当值得尊敬的邮购商店品牌 L.L. Bean 决定提供"免费"邮寄时，消费者会理解为邮寄成本将对产品成本产生影响。然而，当 L.L.Bean 宣布他们的消费者发现这个方法没么令人不快时，那么很有可能消费者真正喜欢的是对价格的简化理解。[2]

另一种应用"免费"的例子，是当消费者对产品和服务的价值观念有疑问的时候。在某些情况下，这个价值必须通过直接体验（例如样品或者试用品）表现出来。规则如下：

免费的效用 =（体验价值/显性价值）×（感知风险 – 销售指导）×（1/免费的成本）

因此，对产品知道得越少，购买越有风险（由于价格和其他因素），免费也就越有用处。这就是杂货店之所以提供食品样品的原因：通过广告，一种新口味在有限的途径下得到宣传。有趣的是，就某些货物类别而言，免费样品的成本已经急剧下降，例如时尚商品的模拟程序软件和汽车的配置程序。在某些情况下，样品试用意味着使用实际的产品，例如 salesforce.com 等软件运营商服务的长期试用。

引导销售

销售团队存在的一个理由是购买者经常对预期消费寻求建议。就如我们之前提到的，了解消费者认知是决定你的产品是否需要引导销售的关键。因此，销售引导往往与更复杂的商品共存（比如手机、房屋、医疗等）。

通常来说，尽管存在体验价值的需求和风险，然而指导越多，免费样品的需求就越少。这正是第一架客机在离开生产车间前就已被购买的原因（或者，至少选择购买期权）。是的，了解客机如何飞行是十分重要的；购买新一代的客机也是有风险的——但是波音和空客在客机上提供了大量的指导。另外，免费样品也是十分昂贵的。

指导的作用在新产品推广定价中被低估了。每种产品都能从制造商提供的建议中受益，但是在很多情况下生产商的利润或分销并不允许这样做。随着网上购物的出现，卖方提供廉价指导的能力逐渐提高。大部分的在线销售可以受益于更多的指导，有助于明确选项和设定情境。比如，即便是简单的指导，像亚马逊网站建议"买该书的人还买了……"也是非常有益的。购买者的评论也能服务于这一目的。

指导还能够简化大量的产品选择。比如，如果对增加数据安全有25种选择，一个单一的问题（"用0到5的区间来表示的话，你对数据安全的关注度是多少？"）可以代替一张更长的清单。在寻求"简单定价"的时候，购买者通常真正想寻求的是简短而清楚的选择菜单。

消极使用定价

如果你们公司面对的潜在消费者顽固地抵抗试用和采用新产品，那么可以尝试一种叫作消极定价的策略。该策略被应用于可测量的服务之中（例如软件运营商的服务应用），这种方法对用户提供强烈的刺激，使他们频繁应用服务。其理念是每次当客户使用或者事件出现时，对每月的固定价格提供减让。

关于该策略的一个案例是位于俄勒冈州的灾后修复服务。该服务每月固定收取几千美元来提供紧急备份计算能力和工作设施。每次一名顾客更新备份数据，就会得到一定的费用减让。比如，每次一名顾客测试它的备份系统，就能得到50美元的信用积分。

在这个案例中，每个人都能从该结构中获益。数据备份越频繁，灾后或者其他电脑问题发生后修复数据的麻烦也就越少。这就降低了供应商的成本，还使备份数据的习惯在消费者中根深蒂固。从而，办公经理人就会推动数据备份，他们反复告知电脑使用者使用该服务，否则电脑使用者是不会对此有兴趣的。

该结构还有一个不易被察觉的好处。我们发现，对价格敏感程度更高的消费者，为了省钱会对备份数据非常小心谨慎。对价格不太敏感的消费者相对来说则更加随意，他们不关注节约。因此，这种结构也是对成本关注度不同的消费者实施价格歧视的一种自我调节的方法。

当消费者拒绝免费试用时，一种创新性的新产品推广定价方法就是消极使用定价法。它能给潜在用户提供激励并建立购买支持。

如何分析不存在的产品

虽然对于现存产品建立有效价格结构的所有要求都可以被应用于待开发产品上，但一个明显的问题是，待开发产品不具备在不同情境下的成熟客户行为。

一般来说，掌管新产品开发的经理人会利用消费者调查（比如焦点小组、调查研究等）来了解消费者是如何看待与评价新产品的。这是合理的，但是在很多情况下这还远远不够。对焦点小组的参与者和调查的反馈者来说，很多产品是很难预想或理解的。另外，我们还面临着前面所提到的答案的博弈问题。

一个用来探索新产品开发的非常有用的技巧，是创建一种与正在研发中的产品相联系的"综合产品"。从本质上来看，综合产品是一种借鉴现有产品特性的复杂类比。综合类比可以对行为进行定量分析，从而补充定性调查。

曾经考虑在快餐店提供有味道冰块的一家市场领军级的软饮料公司经历过一些相似的事。在测试人群中，定性的反馈是有利的：人们觉得有味道的小冰块（有覆盆子味、樱桃味和酸橙味等一系列口味）很有趣味性，甚至是标准软饮料令人兴奋的辅助品。问题在于如何检验潜在定价。

通过考虑计划产品里的不同成分，厂家找到了类比。比如，饮料公司已经提供瓶装调料，供在饮料和相关食物中使用。该公司已经试验过不同的隔热容器和冰块选择。计划产品的其他因素也都有过一些类比的经历。它们一起形成了一个完整的综合模型，为根据实际市场行为测试价格提供了方法。

无论多么具有革命性，极少有产品不存在类似物或者先例。通过使用这些类似物，管理者可以针对可能的客户行为建立起非常准确的模型。比如，饮料公司知道先前的（液体）调料的购买是在具体的细分市场和情境下进行的——而细致的检验说明，这也将适用于冰块产品。这样，购买数量、购买者的类型、购买和价格的驱动以及情境的影响全都可以通过数据进行捕捉和验证。

更重要的是，即便产品不存在，通常情境确是已经存在的了。要注意，当对现存产品进行严密的价格测试时，产品特性（生产能力、精确性、耐久性）并不是定价的主要驱动因素。相反，情境（购买决策过程、组织使命、品牌等）才是定价的主要驱动因素。由于我们已经了解了这些更重要的因素，因此我们有充足的理由在实际原型生产前，进行大部分的定价活动。不要等到最后一分钟才定价，因为重要的产品价格经验总是在定价分析中得出的。

基于类比的待开发产品综合模型，在很多新产品开发方面都很有帮助，不仅仅局限于定价。产品特性和配置选择可以与价格问题同时解决。最后，综合模型方式可以提供更详细的上线安排和渠道策划。

对于（仍处在开发阶段的）不存在的产品来说，关于潜在定价驱动已有很多的证据。不要忘记，即使产品不存在，通常情境也早已存在了。

能力

除了实际策略、技巧和价格水平,优秀的新产品推广定价要求发展可靠的能力来决定价格和上线策略。如果你们公司缺少定价能力,它就不能开发出策略来形成定价或者充分利用对于产品情况和时机把握的深刻认识。

为了理解价值,管理者必须了解消费者对于公司的产品或者服务知道些什么,还有消费者是怎么计划去使用它的。这听起来似乎显而易见,但是我们发现,焦点小组的观察者或者调查的设计者并不关注消费者知道什么,以及消费者在使用过程中什么时候会对产品价值做出评判。这是因为营销通常还停留在产品层面,销售渠道和宣传或许排在其次。定价通常看起来是遥远的事后追加想法,这就是新产品推广定价策略老套且随机的原因了。

在某种程度上,开发有力的新产品推广定价策略的能力是全部定价能力的一个缩影。管理必须了解消费者,必须了解产品,必须了解竞争和你们公司的经济状况。这些理解可能与总体目标相契合,又或许决定着总体目标。它不会独立发生,它需要成为组织设计的一部分。

在某些情况下,市场投放不会是新产品推广定价的结束。在有些行业中,报价是流动的;很多市场报价之间只存在着很小的差异,因此新产品推广定价是重复的(或者说应该是这样的)。那个模型或许是最好的做法:很多时候,我们发现企业没有尝试各种价格,也没有进行价格试验(比如,用一种以上的价格结构或价格来投放一个产品)。例如在消费品行业,价格试验非常常见,其带来的好处是实质性的。宝洁公司等已经发展出完善的市场测试程序和方法,而省略这一程序的后果是可怕的:高露洁的一位首席执行官曾经(部分)因为跳过市场测试而导致的市场灾难丢掉自己的职位。

"把'猪'赶下卡车"

在管理层已经明确了理想的推广策略之后,很多棘手的问题仍然存在。上面标题中所用的养殖术语非常清楚地描述了这些最后的障碍。例如，如何解释新产品推广定价？如何向销售团队支付报酬？有时很极端的问题是：如何依据你的定价策略开具账单？开具账单具有限制性通常是因为在知名的大公司里，账单系统是根据现有产品设立并优化的。由于很多公司的能力有限，并且IT部门认为就连实行永久性的价格结构都会带来足够多的麻烦，就更不用说不同的新产品推广定价结构了。

有些新产品推广定价决策可能会疏远公司内部重要职能部门间的关系。你的销售、营销和IT部门必须愿意支持所需的新产品推广定价计划。为了确保获得它们的支持，高层管理者必须在其中发挥作用。幸运的是，高层管理者已经越来越多地参与到新产品开发和定价环节中，因为他们知道，在很多情况下这将决定公司的未来。高层管理者的参与避免了因为合作不协调而给产品发行制造困难的可能。同样重要的是，高层管理者可以承担新方法因为没有确凿证据而带来的风险。我们都知道像苹果这种具有顶尖技术的公司，新产品的推广定价经常是由高层管理者制定的（例如，iTunes的价格结构受史蒂夫·乔布斯的直接控制）。

当然，当基础设施不完善时，创造力对实施新产品的推广定价策略很有帮助。大多数问题都具有变通的方法。例如，FTS等账单系统具有高度适应能力，可以根据项目、用途以及在新产品推广定价中发挥作用的其他因素进行配置。尽管这些系统无法完成数以百万的客户账单规模，但它们已经可以处理规模超过30万份的发票。很多时候，这已经完全够用了！如果你的新产品推广定价策略为你带来了太多的客户，我们只能说这种问题是你愿意碰到的。

创造力对于建设支持新定价的基础设施（例如账单系统）通常是非常必要的。

小结

新产品推广定价可以促使消费者试用和购买新的产品和服务。当新产品推广定价能够与消费者对产品的体验和理解水平保持一致时，将更为有效。

新产品推广定价分为三个阶段：学习、使用和享受、再评估。这三个阶段表明了新产品推广价格结构的框架。运用这个框架需要清楚消费者对于你的产品和服务有多少了解，以及他们是否做好准备以进入下一个阶段。

新产品定价常常遭遇账单系统、销售报酬和出厂展示支持的限制。这就需要创造力来摆脱这些限制，而要摆脱限制则需要高层管理者的支持。强有力的领导和有效应用三部分框架，会使新产品定价避免传统的低回报率而得到更好的结果。

注释

1. 当使用的置信水平非常高时，拟合优度（R^2）通常表明更深层次的情况。更深入的统计回归分析告诉我们一个与渠道问题和产品问题相关的有趣故事。但是出于定价的目的，考虑使用情况通常是一个好的开始。另外，你也许时常希望忽略零使用的消费者或消费群体，因为他们早已忘记了购买服务，所以他们也不会对使用情况或者对购买所获得的效用进行评估——因此十分稳定。

2. 参见 "Will Free Shipping Spread?" *The New York Times*, April 2, 2011 B4版。见第六章中针对消费者对于简单定价的偏好以及何时需要关注这一问题的讨论。在本案例中，很明显 L.L.Bean 认为简化定价取决于客户的流失程度。

第十二章 品牌、信息传递与竞争

> 如果儿童能够阅读的话，那么每本书都是儿童读物。
> ——米奇·赫德伯格

情境定价很大程度上取决于，对于一个产品，消费者知道什么或者担心消费者不知道什么。这就使定价过程很像品牌推广的过程，因为品牌经理也会花费大量时间评估消费者和潜在消费者知道什么与不知道什么。但是，品牌经理的工作似乎很有趣，因为他们需要多层次地提升消费者的购买偏好。这项工作尽管复杂，但往往更关注积极的方面：将消费者的消费倾向与公司的优势相匹配。消费者愿意了解有哪些产品与问题的解决方案可以满足他们的需要，而每一个公司的员工也很希望看到自己公司的优势可以在世界范围内得到宣传。内部紊乱的现象相对较轻。

但是今天多数公司在定价时面临的情况却不是这样。定价并不一定能够带来品牌推广的好的方面。但它确实可以实现这一结果。

假设定价的确做到了它应该实现的目的，即更多关注情境和结构而不是价格水平。如果你能够令使用率高的顾客在统一资费的基础上购买产品，而之前的定价都建立在可变方案之上（例如，Spotify 公司为数码音乐发烧友们提供了庞大的统一收费标准目录，而不是按次计费），或者你提供的保修单可以使消费者精确地挑选他们想要保证的产品，抑或是你们公司将不必要的组件从商品捆绑中剔除出去，以便消费者不会觉得他们购买了根本不想要的产品，这样不是能使定价更高效、更令人满意吗？

将注意力集中在情境和结构上，可以使定价成为一个（在获利能力方面）更受欢迎、令人愉悦的职能，仅伴有少量的对成功的阻碍。不幸的是，这些阻碍并不是不重要的。定价也许永远不会受管理层的欢迎，但事实证明，成功定价为公司所带来收益及利润要远远大于品牌推广。[1]

定价中遇到的问题之一是，定价往往更倾向于干涉价格并且对公司内部流程提出更高的要求。因为一旦一种价格结构发生变化，账单系统的要求、销售部门的培训与实践、新的财务和报酬计划甚至品牌推广方案都将发生相应的变化。所以通常情况下各部门是抵制定价发生变化的，如果定价部门浪费他们所有的时间进行公司内部斗争，他们将没有时间去关注公司之外的市场情况。

此外，从消费者层面来看，定价并不一定带来双赢的结果。通常情况下，对于你的股东来说，最好的结果是你们公司产品的价格上涨——但这并非消费者所喜闻乐见的结果。与之相对照，除了相对来说不常见的品牌推广失策之外，大多数情况下，品牌推广都会是一个双赢的结果——如果消费者对于他们所了解的某件产品有好感，并且因为购买了那件产品而感觉良好，这就是一个双赢的结果。

情境定价和品牌推广都需要了解决策过程的本质。更形象地说，一项优秀的品牌市场调查活动的支出不及一项优秀的定价市场调查所需支出的15%。调查通常要解决的问题是，关于他们的购买选择消费者了解或不了解哪些情况。产业和市场不同，消费者对于潜在购买选择的熟悉程度也有很大的差异。[2]

> 品牌推广和情境定价的关注焦点应当是相似的。

消费者关于自己已经了解或想要了解情况的认知，对定价来说十分重要。比如说，如果消费者确信不同厂家的同种产品是不存在任何差异的，那么他们将会拒绝承担价格差异——这就是商品的定义。实际上，商品的分类取决于消费者在

知道他们所有想要知道的信息基础上做出的判断。因此，尽管不同产地某一特定级别的小麦或者一系列的轮胎存在显著的差异，但通常人们认为这些差异是可以被忽略不计的。[3]

品牌四维度

哈梅尔（Hamel）和普拉哈拉德（Prahalad）曾在《为未来而竞争》(*Competing for the Furture*)一书中完美阐释了关于品牌的四个维度。应用这四个维度，我们可以从中清晰地看到品牌与价格之间的各种联系。[4]这四个维度分别是：

> 吸引力
> 领域
> 认知度
> 声誉

下面让我们来进一步分析这四个维度。

吸引力

具有高吸引力的品牌，例如苹果、美国自然历史博物馆、大众汽车和美食频道，其市场机会都是由它们的消费者吸引力决定的。它们可以诱导消费者试用、接受新的价格结构，并利用它们所拥有的其他优势。有一点不明确的是，它们是否在价格水平上得到了显著的提升。的确，在很多情况下，高吸引力的品牌主导了市场的价格，但很多时候，站在完全客观的立场来看（例如速度、工程设计、供应范围、信用评级等），它们理应享受溢价。但奇怪的是，尽管你可能认为吸引力对定价产生的影响最大，但事实上没有证据支持这一论断。例如，在一个品牌推广是重点的产业，我们可以从两个主导可乐品牌的对比看出，不同人群对于两种品牌的偏好是具有显著差异的。但是尽管存在这种差异，两个品牌并没有根据人口类型来制定可乐糖浆的价格：定价差异体现在其他产品系列上。

领域

这个维度适用于判断某种产品或某个市场是否在这个品牌的经营范围内，即一个品牌在某一特定情境下是否有发展的可能。这对于品牌推广和定价同样适用。那么一个品牌所涉及的领域和价格差异所影响的范围相同吗？并不一定。在很大程度上，一个品牌体现了消费者与产品之间的关系。而价格则展现了另外一种非常不同的模式，例如，航空公司和汽车租用公司的交接并不是航空公司的品牌领域职能，而是一种对价格有影响的渠道战略。其他对价格有影响的因素，例如规章制度，可能也不与品牌领域相匹配。

认知度

这个维度表示产品的认知度水平，不同品牌的认知度差异可能是巨大的。对于产品认知度的差异，一个十分恰当的例子是通过对比透明胶带与宝马汽车来表现。

低认知度的例子：3M 公司透明胶带系列产品的品牌决策是基于消费者对透明胶带的关注度（很明显，并不怎么关注）的。根据3M 公司产品管理层的说法，Scoth 和 Highland 品牌被分开管理，因为它们分别提供质量水平不同的产品。比如，Scotch 这一高端品牌的胶带可以在不损坏纸张表面的条件下剥离，而价格更低的 Highland 胶带则会损坏纸张并且胶带本身也并不是很透明。因为3M 公司知道只有很少的消费者会去阅读透明胶带的产品说明，所以保持清晰质量区分唯一的方法是将两种胶带分成两个品牌进行生产。每一个品牌都具有明确的市场定位：Scoth 品牌的主要消费者通常对价格不敏感，然而 Highland 品牌主要是与其他低层次胶带品牌竞争。

高产品认知度：与3M 公司不同，汽车生产商知道，因为汽车通常被定义为奢侈品，所以当消费者决定购买一辆汽车的时候，经常会花费相当长的一段时间对汽车进行选择。因此，汽车生产商可以在总品牌下进行不同质量水平的汽车生产。宝马公司希望其潜在客户相信宝马汽车可以在不同价格水平上提供"终极的驾驶体验"。尽管其公司下低端的3系汽车逊色于其旗下的其他汽车，但宝马公司坚信消费者仍有能力理解3系汽车相较于同层次的其他竞争者的优越性。

声誉

这个维度表示潜在消费者相信厂商言出必行。声誉对于定价来说，就如同对于品牌推广一样，十分重要。例如，将消费产品和服务捆绑往往可以加强品牌对于价格的重要性。消费者希望，并且通常相信，捆绑商品的价格更便宜。[5] 由于在很多不同捆绑商品的组合中，消费者通常很难直接对比两组相竞争的商品捆绑；即便他们可以，他们也很可能不会花时间去这样做。假设部分消费者并没有兴趣去调查真实的经济情况，品牌就会起到很重要的作用。一个成功的品牌会使消费者确信一个商品捆绑很可能带来更便宜的价格和服务组件的良好组合；然而失败的品牌就会使消费者不去做任何购买的决定。这就是为什么捆绑能够成为受现任供应商青睐的工具。[6]

需要进一步明确的是，对于不同产品的相对优缺点来说，连锁效应是至关重要的。例如，在网络商务领域，品牌推广对于决策和价格来说都是至关重要的，部分原因就在于网络商户的信用通常是没有保障的。[7]

一个彰显网络定价力量的重要例证来自亚马逊，这个网络巨人在消费者中享受很高的声誉，所以它可以保有比其他较小网站竞争者高7%—12%的价格。一份研究进一步显示，尽管较小的竞争者在99%的时间里价格都比与亚马逊便宜，但它们仍然只占有网络图书市场很小的份额。

定价与品牌推广的整合

在认知度、声誉、商品质量信息缺失或不明晰同时聚集时，品牌对价格产生的影响力将达到最高：

- 由于采购商品的重要性和不同产品选择之间可能存在的较大差异，因此消费者高度关注。
- 在品牌的领域内部，不同竞争者或替代商品的品牌价值存在巨大的差异。
- 潜在消费者很难轻松、客观地区分不同产品的质量和价值。

整合案例

这种整合情况的几个案例：

利用直接邮寄的广告商必须决定是购买一等邮件邮票还是大宗邮件邮票用以发送信件。他们的决策过程表明广告商为什么需要了解消费者的决定标准：很多邮寄广告使用一等邮件邮票，尽管从功能上来说，大宗邮件（"A标准"邮件）的邮寄时长也在可接受范围内。那么为什么还要花更多的钱呢？这是因为在一些市场中，邮件接收者打开贴有一等邮件邮票信封的概率，要比打开贴有大宗邮件邮票信封的概率高三倍。久而久之，邮件接收者意识到贴有一等邮件邮票的信往往含有更多重要的信息，例如账单、法院传票或商务通信。大宗邮件往往只会浪费他们的时间，所以他们根本不会打开。因为批量邮寄厂商的业务取决于有多少人打开他们的邮件，所以许多邮寄厂商更愿意使用一等邮件邮票。

另一个例子是汽车的零部件。从梅赛德斯—奔驰经销商那里购买柴油机凸轮轴需要500美元。同样的凸轮轴、同样的包装、同样的制造商商标，在独立零件供应商处只需要150美元。其他汽车零部件的价格差异也达三倍左右。

还有一个例子是太阳镜。调查结果显示，很多太阳镜的购买者选择购买大品牌的眼镜，因为他们认为那些眼镜有更好的防晒效果。事实上，一个独立的研究最近显示，价格5美元以上的太阳镜在防紫外线功能上并没有可辨识的差异。

在以上各个案例中，消费者的决策都是基于信息的缺失。如果邮件接收者可以通过某种方式知道信封里装的是什么，他们就不会在决定丢弃还是打开这封信时依靠邮票的种类做判断。同样，如果车主知道他们购买的零部件完全相同的话，他们就会选择低价的零部件。最后，如果太阳镜的购买者知道相对低价的太阳镜可以有同样的防紫外线功能，很多人都会选择买更便宜的眼镜。

一个重要的定价和品牌情境是：什么是消费者们不知道的？

品牌的力量

渠道对品牌有很重要的影响。在网络上，品牌提供信息的能力更为重要。例如，因为人们在网上摸不到、闻不着，更不能检查食物和杂货商品的好坏，他们就会比在传统商店购买商品的人们更加以品牌为导向，而对价格的敏感度相对较弱。当质量不能被简单、低成本并且直接地确定时，品牌就会被当作质量保证的代名词。[8]

尽管在有些商店中品牌起到了关键作用，但是在另一些商店中品牌对价格并没有影响。19世纪60年代,石油公司曾经花大价钱做广告,许多顾客认为主要的汽油品牌之间有很大的不同。后来,我们中的大多数人开始明白,实际上它们之间的区别很小。因此我们开始不那么以品牌为导向,反而对价格更敏感——结果在《广告时代》(*Advertising Age*)的前100名广告商中不再有石油公司的身影。

若产品质量可以简单、直接地辨认出来,品牌的力量就会受到限制。比如,一家位于安大略的砖料制造商决定为产品打造品牌,它在广告以及其他宣传方式上投入了大量资金。但当顾客最终认识了该品牌后,这并未对其砖料价格或市场份额产生任何影响,所以该厂商放弃了这一尝试。在商业中,品牌通常和付出不对等。因此,戴维·艾克教授(David Aaker)在其著作中将石材行业、玻璃行业和黏土行业的品牌价值评定为零。[9]

品牌可以在特定的环境下推动价格水平。

使品牌定价力量最大化的管理工具

如果在一个市场上品牌起着重要的作用,而你们公司恰好是该市场上的一个重要竞争者,那么进行品牌管理无疑是恰当的。而在通常情况下,品牌团队的评价指标包括销售额、认知度,甚至消费倾向,但一般并不包括价格。

在某些情况下,这可以成为一种互补的目的。在资源短缺的时候,两种职能部门更加紧密地联合可能是明智的。这样做也刚好形成了互动:品牌部门提供了价值捕获的机会,而定价确保机会成为现实。

以下是一些通过品牌作用来提高价格的例子:

> ➤ 不要感到意外——可以采取的管理行动之一就是优秀的老式产品广告和品牌推广。比如,衣物漂白剂生产商高乐氏公司(Clorox)在广告上的年支出达5亿美元。也许是其广告带来的结果,高乐氏的毛利通常在58%左右,而竞争对手们只能获得不到50%的毛利。产品质量很可能并不是导致价格差异的原因:作为反垄断诉讼的一部分,美国最高法院发

现这些氯漂白剂在功效与性能上是完全相同的。法院的研究结果至少说明这些性能的不同是不易被发现的。消费者很明显认为品牌很重要,因为他们为这一主导品牌支付的金额更高。

> 成本在支持品牌推广和定价方面,起到了很有趣的作用。一直以来,人们都坚持认为价格应该与成本相联系。有时两者确实相关联:向消费者说明产品制造成本会影响人们对产品的印象。而在B2B领域,成本通常不是价格的驱动因素。

> 一些管理者很难接受成本角色的变化。最近一家业界领先的编程网络公司的高级管理者要求获得数据证据,以说明创建程序过程中的许多款项支出并没有对经销商支付的价格产生影响。最重要的其实是节目的生产力——收视率和广告投放。

> 切实的市场分割也可以起到一定的作用。一家有线电视公司提供了一系列高端视频服务,并结合了最好的电话捆绑服务。问题是它的网络电话服务的名声良莠不齐,并且也确实存在一些轻微的技术限制。这一捆绑的销售情况并不是很好,直到它的定位转向了高端视频服务附加便宜的通话服务。你觉得这一结果很奇怪?不,事实上,这在情境上是完全说得通的。这一适用于有线电视公司的商品捆绑的核心,是着力于为视频用户提供服务。高端视频包是很昂贵的:每月需花费至少120美元。这主要是吸引高收入家庭,但这些家庭并不会将自己的安全托付给有线网络电话服务。但是当电话捆绑组件被重新定位为低价的附带品(比如儿童手机、度假小屋电话等)时,品牌、情境和捆绑服务则形成一致,因此销售额得到提升。

这些例子都符合前文谈到的价格与品牌的三种要素——关注、价值和不易比较性的整合,这三种要素都从属于情境的范畴。品牌的影响力将随着情境变化,正如广告界前辈罗杰·肯里克(Roger Kenrick)所评论的那样,"拥有品牌的并不是公司,而是消费者"。

管理层应该有策略地利用品牌推广,以达到定价的目的。

小结

公司应该认识到，决定品牌何时以及如何影响采购选择和价格的是消费者。决定儿童图书是什么样子的是孩子们，而不是出版商。情境将决定品牌是否能有助于提高产品的定价——请注意你们公司的声誉有可能并不是情境中的主导部分。就像前文所描述的，3M 公司和宝马公司都是有声望的大型公司，但是两家公司的品牌动态则完全不同：3M 公司的 Scoth 透明胶带品牌不能支持两种产品质量水平，但是宝马旗下却有不同体积和质量水平的汽车。

问题在于：针对可利用的整合条件——关注、品牌价值，以及消费者很少有机会来确定的产品质量的差异，你们公司所提供的哪种商品与之相符合？如果你们公司的品牌在相关领域经验积累较多，那它很有可能利用品牌效应在该市场实现实质性的价格提升。

许多管理者把品牌价值看作是一个公司想要营造的总体印象，或者将品牌等同于消费者认知度——但是事实上，只有在品牌处于正确的情境之下时，才会发挥最大的效力。对于不会全面研究他们购买决策的各个方面的消费者和潜在消费者来说，品牌是影响他们决定的绝佳工具。

注释

1. 不同的定价创新会导致收入的提升：最低可以因战术性工具的改进而使收入提升7%；定价过程、信息流和控制的改进可以使收入提升11%；最高则可以因更好的定价结构而使五年期的复合增长率提升35%。理论上，会计数据库将会显示，1% 的价格增长会带来标准普尔500指数公司平均7.1% 的利润增长。在不同的产业中，1% 的价格增长意味着6.8% 的消费品业利润增长、10% 的保险业利润增长、13.5% 的运输业利润增长和22% 的重工业利润增长。与之相反，如今品牌更多的是与收入相联系，而非价格，而且1% 的收入增长对利润的影响，要少于1% 的价格增长对利润影响的一半。这不是批评品牌推广活动，因为与成本减少对利润的影响相比，品牌推广所起到的作用仍然遥遥领先。
2. 随着时间的推移，消费者的自我认知会根据产品和市场的不同而变化。见 David Aaker, *Managing Brand Equity*, Free Press, 1991。
3. 如 *Winning the Profit Game* 一书的第二章所述，商品在质量上可能有实质性的区别，比如冷轧钢材。商品的质量差别在非直接的价格行为中表现很明显。比如，当一个轧钢厂（DOPASCO）用更好的冲压机器生产冷轧钢材时，工厂的收益并不是每吨的价格，而是汽车制造商将该厂在需求衰退时期备用的"弃置"名单上置于更好的排位。

4. 参见 Gary Hamel and C. K. Prahalad, *Competing for the Future, Boston*，Harvard Business School Press, 1992, pp. 258–230。

5. 根据五大城市的焦点小组关于医疗服务捆绑的调查。

6. 市场领导者经常在追随重要的捆绑潮流之前等待一年。如果拥有的市场份额少于40%的公司也等上一年，那它们早就被这个市场排除在外了。参见"The New Wholesaler," *Telephony*, January 26，1998, pp. 26–34。

7. 参见 Byung-Kwan Lee，Ji-Young Hong, and Wei-Na Lee, "How Attitude Toward the Web Site Influences Consumer Brand Choice and Confidence While Shopping Online," *JCMC*, Indiana University, January 2004。一张绘有两只狗上网的漫画用更简洁的语言调侃道："在网上，没有人知道你是只狗。"

8. 事实上，就算成本可以被轻易地精确计算出来，试用成本也会给销售造成阻碍。例如，标价16.99美元四盒的新一代男性剃须刀遭遇了市场的抵制。吉列公司抱怨许多潜在顾客不相信他们有剃胡须的需求。参见"Razor Burn: A Flood of Fancy Shavers Leaves Some Men Feeling Nicked," *The Wall Street Journal*, July 12, 2010, p. A1. 对这个问题的一个可能的答案也许是采用被称为"剃刀和刀片策略"的两部分收费策略（非常适合）。

9. Aaker，同上。这种模式与常识相连，仅此一次。

第四部分　管理工具

第十三章　首要步骤及失误

> 时间是位伟大的导师,但不幸的是时间销蚀每一个学生的生命。
>
> ——路易-埃克托·柏辽兹

如果你已经读到书中的这个部分,那么我们可以假设你已经在概念上接受了情境定价值得一试的观点。现在的问题是:怎样实现这些想法?

本书提供的实验框架有两部分:(1)决定地点、时间以及方式;(2)为怎样应对反对意见制定战略。第二部分看起来更有趣,因此我们先来解决这个问题。

应对反对意见

定价变化总是会引起反对意见。定价生来就具有政治性——有人会因为变化感觉受到了威胁。为什么呢?举例来说,变化可能会颠覆与已结成朋友的顾客之间的长久关系,也可能削弱管理者角色的重要性,还能干扰他们的习惯做法,或者与他们的信仰体系相违背。[1] 更好的定价可以很快地吸引追随者，但是很少获得所有人的支持。

一些反对意见是理解程度的函数。如果所有的管理者能对定价更加熟悉的话，恐惧就会减少，反对意见也会随之减少。许多组织害怕改变是因为缺乏理解，它们不能够清楚地看到改变的结果。用一个类比的方法：如果一群财务经理被告知，与以往经验相反，从今以后借方将会占据会计账簿的右边，贷方在左边，他们可能会抱怨，但是不会产生这将带来灾难的恐惧。将同样的事情告诉那些非金融领域的懂行的经理们，则可能有这是违法以及做假账的抗议呼声。相似地，如果一群市场拓展经理被告知，所有被发送到公司网站的邮件必须得到诚实、详细的解答，他们也可能抱怨，但是他们有信心能处理好。而如果向内部运作的员工告诉同样的事情，将会使他们产生对致命性秘密和尴尬状况遭到泄露的恐惧。

定价计划的反对者通常不明白——并且经常不想明白——定价的逻辑。当他们不理解定价逻辑，并且定价变化与他们头脑中的定价应该怎样的模糊印象不同时，由于定价有可能会影响到他们的谋生之道，他们就会感到高度焦虑。举个例子，对于他们来说，尝试另一种品牌推广活动，或是又一场销售团队的整顿，或是另一种产品转型，都比打开定价的"潘多拉魔盒"要来得安全。正如著名组织行为专家马克·内文斯博士（Mark Nevins）曾经说过的，"当人们不知道做什么时，他们会做他们知道的"。

你可以尝试着去教育那些持怀疑论者，但是那样做将花费很长时间。如果你有影响力的话，你可以命令强制执行，但是妨害执行的情况总会发生：系统不支持，销售团队不实施，法律部门不认可。应对反对意见的方法是寻找愿意在他们的各自领域进行尝试的拥护者。

有了正确的拥护，好的想法才有出现的可能。有一个案例用在这里非常恰当：一家搜索引擎公司的首席营销官命令一个专门工作组用第七章（关于科学捆绑）列出的原理来改造一项即将推出的关键性新服务捆绑。与常见的情况一样，科学的建议是包括更少的组件和制定更高的价格——大概是以前报价的两倍。

销售团队对此很抗拒。他们对于定价的理解是更多的捆绑意味着更大的价值（这是错误的），更低的价格意味着更高的销售量（通常是错误的）。内讧发生在捆绑商品推出的时候。销售团队要求新捆绑延续之前的做法，即包含更多的组件并标以更低的价格。

情况不乐观，但是幸运的是当时的市场副总监（现在的首席执行官）和销售副总监非常聪明。他们问道："有没有哪位销售经理想要尝试销售新的捆绑商品？"事实证明，有的，有一些销售经理确实喜欢新的捆绑商品，他们被指定销售新的捆绑商品。其余的人仍旧销售原有捆绑商品。

六个月之后，销售新捆绑商品小组的销售情况要比人数更多的其他小组高出两倍（以单位计算，不是仅以美元计算）。现在销售团队中剩下的那些人都想要销售新的捆绑商品，对此首席营销官无疑欣然表示同意。对比试验果真被证明很有用。

之前的反抗者已经意识到一个含有太多组件的商品捆绑实际上是破坏了它的价值吗？他们意识到一个紧凑且集中的捆绑可以比一个大而松弛的捆绑要价更高吗？我们怀疑他们没有。情境定价赢得了市场，但是对于改变的抗拒和对定价理论的诋毁很难在短时间内消除。

拥护者的重要性

"有效的我们就要"是个在销售中被广泛采用的态度。因此我们建议从拥护者开始。你可能是一名拥护者，但是你需要整个供应链上的其他拥护者，如IT、销售、产品开发、产品管理和客户服务方面。即使所有这些职能部门都由你掌管，挑选有效率的拥护者仍然是成功的关键，因此务必选择合适的拥护者，即便他们不在理想的产品或市场小组。

正如你所知，这些拥护者应该是聪明的，有进取心，对新思想持开放态度，在整个组织内受到尊重，可能经历过一些风浪，而且必须具有一定权威。他们也必须知道对关键的利害关系人来说，有吸引力的价格改革信息是什么：它可能是治愈一个正在发生的销售"痛处"的承诺，一个创新性新产品的更好定价，或者是任何要求改变但不会带来根深蒂固的反对的东西。[2]

"痛处"的例子包括顾客讨厌的定价结构、在某种情境中重复出现的对价格水平的抱怨，以及因为缺乏索价能力而造成的组织的运作激励的缺失。举例来说，在强生公司，"痛处"就是竞争对手以更低的价格提供牙线造成的压力。作为回应，强生公司减少了每盒里牙线的码数，从而使价位与竞争对手的价格相当。因为很明显顾客是以盒为单位购买，因此这种价格结构足以应对竞争。

依据已有的资源，你还需要思考早期活动的范围。如果你要尝试治愈一个"痛处"，那么考虑一下你的定价为什么总是频繁地处于压力之下。是因为问题很特殊（比如牙线）所以定价只能解决局部问题，还是因为所有定价都需要做出广泛的修改？如果问题是打折，那么初始阶段的活动就可以完全治愈它们。

要了解销售的不同情境并且确保销售和其他职能部门都配备一系列健康的情境价格，还有很长的路要走。但并不是所有的问题都能单独通过价格来解决。如果问题在于产品已经过时，那么定价只能在糟糕的形势下做到最好。当泰坦尼克号消失在大浪之中时，定价并不能拯救船上的糖果摊的销售。[3]

初期选择

情境定价在"战略"初期和"制度"初期都获得了成功。每种选择都有它的优势和不同的风险。哪一个更适合你们公司将取决于你们目前的定价方法、对于定价改进的认同程度、目标和预算约束。

战略方法

当你们公司目前的定价方法比较合理、面向市场的管理团队对于定价不太关心但也不抗拒、有少部分可用于投资的资金并且有充足的制度容量的时候，以战略打开局面就是更好的选择。战略方法的推出将会经历八个步骤，如下：

1. 寻找拥护者，与他们结交并且制定解决障碍的战略。
2. 选择目标：新产品，或者是正在经历与价格相关的"痛处"的产品或细分市场。确认这一目标对于试验来说是否足够狭窄。
3. 理解市场（市场情境、市场驱动力）。
4. 依据情境制定20个左右必要的价格，或者开发一种产生这些价格的工具。开发相应的价格结构（牢记定价的三要素——情境、价格结构和水平）。
5. 不要让试验遭到破坏。坚持基准价格，否则集中定价的训练就白费了。
6. 评估结果，决定继续进行或不再进行，以及扩展业务。
7. 创建可复制的过程，确保会获得以下支持：

a. 情境信息资源

   b. 制度

   c. 文化

8. 根据需要做出过程上的改进。

这一程序的最大好处在于：在你沿着以上路径行进的过程中，它将为自己埋单。如果选中的初始领域大约可以形成7%—15%或者更多的收入增加，那么该方案已经为自己埋单了，或者还有盈余。随后将获取的利益投入其他产品或市场将会使初始投资获得更大的回报。

以战略打开局面遭遇的风险可能更低。以战略作为开端可以更直观地看待问题，提供解决方法，并且可以对你的管理团队和基础体制设施是否能支持这一解决方法做出评估。这就是公司系统必须有充足的能力来支撑这一解决方法，并且必须有一些预算以支持对市场进行深入调查的原因所在。

制度方法

以制度为导向的方法与以战略为导向的方法大有不同。当定价方法杂乱无章、定价看起来比照最优定价还有很大差距、经营管理者固执且难以控制、高层管理者已经下定决心并且做出预算的时候，制度方法往往是更好的选择。在某种程度上，这时的情况可以表述为，"我认为我们能驾驭好市场，但首先我需要训练我的团队"。

以制度为导向的做法是合适的，因为要完成工作可能需要一系列的定价分析工具、客户关系管理功能以及价格管理工具。你还需要分析市场以了解情境和价格驱动力——这是你们公司内部存在的最大障碍，所以它们必须被解决。

尽管一个拥有纪律性相对较强的管理团队的公司使用独立的工具以及非正式的沟通体系就可以取得成功，但是那些充斥着销售和营销半吊子的公司则需要强有力的健全制度。在一些情况下，公司需要阻止销售管理者继续坚持定价惯例，防止产品管理层对非正式的制度搞鬼（例如，完成计划的表格而不采取实质行动以致情境关系受挫，或者编造结果）。也有可能，公司需要在一定程度上将报酬体系和定价体系结合起来。

制度导向方法的另外一个好处就是，不管潜在的定价策略如何，更正式化的价格管理总可以显示出利益。仅仅要求录入客户关系管理的情境客户信息，就可以帮助控制那些销售人员，使他们的离职威胁不再成为问题。最后，制度本身是公司决心的强有力象征：如果公司向一个新系统投资了2,000万美元——这一新系统作为一个项目的组成部分由从前的业务单元首脑所领导，那么经理们会明白管理层已经下定了决心。改变可能已经成为保住饭碗的一个条件。

程序的细节

在考虑过变化的两大选择之后，程序步骤的一些细节也应列入考虑范围之中。以下的几点告诫应该能够帮你决定采取哪条路径。

信息来源

建立可以推动情境定价的价格结构和工具需要信息。正如我们在第十五章所描述的，你们公司拥有的必要信息可能比你所期待的要少。

信息来源必须包括所有能够推动价格的要素。不仅仅是当前价格决策所依据的枯竭的知识碎片，还要从根本上考虑顾客实际购买的方式。当顾客和公司决定购买时，他们的心理过程或组织内部的程序是怎样的，这听起来像是陈词滥调，但是实际上公司通常都会忽视这些因素，因此在定价时并未实际结合情境要素。

信息来源可能有多种形式：

> 采访，不管是一对一、委员会或是焦点小组的形式。
> 关于你的顾客的经济状况或者业务的具体模型，显示他们是如何做出财务和采购决策的。
> 消费者观点的联合分析或其他分析，或者
> 最好是对顾客行为进行严格分析，并通过回归函数或类似技术做出购买（价格）行为的测定。
> 市场测试，例如被大型消费产品公司采用（而大多数行业并未充分采用）的那类测试。

请注意我们为什么没有将意见调查列入这一系列工具中。意见调查是为市场问

题的答案增加准确性的优秀工具，这些问题的广泛参数已经为人所知晓，回答者可以快速地给出答案：谁会对购买决策产生影响？你最信任哪个品牌？可替代品有哪些？但如果运用意见调查来寻找制定决策的新情境参数，效果并不理想。

要谨防完全依赖于知名的市场调查公司。尽管它们经常声称拥有定价的专门知识，但它们往往专注于对价格水平的调查，这会造成与价格结构以及价格驱动力有关的关键问题的缺失。我们发现，专注于价格水平通常会错过借助结构或信息传递来解决定价问题的机会。

我们曾经受邀对一家大型教材出版商的定价做出评论。它雇用了一家有名的民意调查公司进行了一次调查，询问大学书店为什么要储备某些教学辅助用具。意见调查结果的第一页显示了一个饼状图，上有对"你为什么不想持有这个产品？"这一问题的答案。答案主要集中在两大方面：大约25%的回答者举出了非价格因素，包括便捷性、产品本身和货架空间。大约75%的回答者说是价格。观众的预期是在75%回答价格的部分做出进一步的分析。

但是没有，下一张幻灯片进一步研究了相关饼状图中产品和便捷性的那部分回答。对于为什么价格难以被接受，他们甚至根本没有提及。是性价比的原因吗？价格与教具替代品有关吗？是绝对价位的缘故吗？是因为潜在客户缺乏对自己产品的了解吗？是相对于教具利润的库存成本的原因（换句话说，是价格太低了）吗？这些问题的答案在这份专业的买家意见调查中根本找不到。这真是浪费了机会。

情境定价并不意味着你们公司需要学习一套新的工具，但这也有可能意味着你需要给你雇用的市场调查公司提供更多的指导。

更糟糕的是，知名的调查公司在收集定价证据的时候偶尔不能针对三个重要因素做出调整：

1. 回答者说谎。
2. 潮流经常比当前的状况更重要。
3. 回答者并不愿意努力去区分各种选项，因此尽管当他们被要求实际消费时将表现出巨大的差异，但在意见调查中并不会表现得如此明显。

比在回答者方面出的错误更应该被谴责的，是意见调查使用公式化的（存货）调查问题很少与市场现实相匹配。在为一个教育测试的提供商所做的调查中，调查机构用是否有库存能力的问题代替了内部开发问题。无疑，在一个资金严重短缺的行业，所有的回答者都在"严重预算紧缩"一栏里划了勾，尽管有他们中很多仍旧继续购买这一服务。

令人遗憾的是，定价不是一种受欢迎程度的竞赛，也不经常有双赢局面出现。大部分买家都明白这一点，所以在他们看到可能的利益时就会通过其回答进行博弈。因此，必须开发关于价格的问题，以将博弈的行为降到最低。（针对博弈进行调整很困难——最好从一开始就纠正。）得到正确答案的一些技巧包括：

> 询问相对而不是绝对价格偏好的问题。所有人都明白，当被问及"你愿意为此付多少钱？"时，需要选取一个更低的数字。然而，类似"你会为多人游戏能力支付单人游戏能力的双倍价格吗？"这样的问题则相对更难进行博弈，另外，答案还会给定价者一些价格结构方面的启发。最终，它给回答者提供了相关情境以进行定价评判。

> 除了顾客和潜在顾客的回答之外，还要测试他们的行动。例如，在关于多住户的住宅单元和他们的电话服务购买倾向的调查中，使用了意见调查和对买方的采访。在意见调查中"最优先考虑的事情"这一问题上，大型地产管理公司的回答在价格和服务两者间几乎是平均分配（服务稍微在前）。但是当我们对被访问者关于价格条款和服务的评论计时的时候，我们却发现结果大逆转：100%的大型实体企业的回答者花费更多时间谈论价格条款。这一结果后来在查阅实际的输赢数据、服务记录和价格差异后被证实。（有趣的是，小型地产管理公司如实地反映了它们的服务—价格意见调查结果。）

市场意见调查也应该反映市场潮流，尽管许多意见调查及其他工具往往变化不大——人们回答起他们正在做的事情时更容易。这对调查公司很重要，因为意见调查的周期关系到它们的成本，并且它们可能对调查是否真实地反映了人们的行为并不关心。

对于一个占市场领导地位的有线公司来说，现存顾客的静态分析显示，与捆绑商品销售规则（见第七章的内容）相违背的捆绑商品定价和与规则相一致的捆绑商品定价之间并无可分辨的差别。然而对于拓展新的销售来说，反映捆绑商品规则的商品会经历更低的折扣与更高的市场渗透。既然管理层将注意力集中在新的销售上，那么这也就成了更加重要的定价关注点。[4]

我们发现在许多市场中，市场的变化才是利润增长之路。许多意见调查往往不愿同时包括有关现在和未来的问题，因为那样将使得调查清单的长度增加一倍。为避免这样，管理层或许想在意见调查阶段之前采用其他分析工具，以便快速、集中地了解是当前状况还是潮流趋势与定价更相关。

同样，关键也在于市场调查公司应用标准问题和调查技巧研究定价问题的做法经常有缺陷或者会得出错误结论。比无用更糟糕的是，这种所谓的对定价行为的结论性数据支持的缺失，为那些什么都不想做或是喜欢猜测的人找到了借口。

当你考虑你们公司的情境调查时，要确保管理层切实调查了情境。[5]想要考察调查者是否真正调查了情境，可以通过调查的问题是否询问了情境的差异来判断。以下是一些相关情境差异的例子：

> 相同的豪华汽车的车载收音机在二级市场上的价格显示了 0.82 的价格弹性；对经济型车来说，弹性为 1.30。
> 网络电话服务在与宽带接入方案一起售卖时价格弹性为 0.32，而在单独售卖时是 1.25。
> WIMAX 无线宽带接入被出差的人看作是电缆或电话公司（数字用户线）有线宽带接入的补充，但是被在固定地点工作的人们看作是一种替代品。
> 直递邮件和电子邮件群发服务的价格敏感度随产品寿命价值的提升而变化。在一个市场中，信用卡邀约的寿命净现值是电话服务邀约的七倍，而这就转化成了直递邮件商的更强购买意愿。

这几则例子的重点在于说明，为了检验定价假设，要对基础经济、用途、业务流程、决策过程和消费者意愿有很好的了解。这样做需要进行复杂的多级调查。如果被压缩为一步就完成的调查，许多东西就缺失了。

正是在优秀的顾客管理传统中,我们发现工具可以并且应该被循序利用。通常情况下它们并没有被循序利用,因为定价是事到临头于匆忙之间追加的,因此时间上具有局限性。那不是最好的做法!最好的做法是明确界定潜在情境的范围,然后开发出一系列候选的情境定价方案。这时你就具备了检验所需的基本信息,并且可以实施情境定价操作。这是第二个阶段。在这一阶段,你可以建模、进行意见调查以及对市场行为与参照对象进行其他检验。

因此,最好的做法是首先创建一个潜在市场驱动因素的宽泛集合,然后通过证据缩小其范围,再将它们融合成为统一的以情境为基础的一系列决策规则。这将使定价计划获得更多的信心。

执行

为了充分了解情境,除了要了解市场状况以外,还要打破组织各部门之间的壁垒。在大多数公司里,要让产品开发、市场营销、销售、财务、客户服务以及其他部门充分认识情境,就需要公司文化以及关注点的转变。然而,好消息是你可以等到下一次市场活动或是产品发布的时候,开始转向情境定价。

如果有可能的话,为下一次活动打上标志,说明为什么这次活动很重要。例如,曾经有一年贝尔南方公司(今天的 AT&T 公司)的前任主席公开指出,他在该年度工作的重中之重是定价,并且让他的法定接班者负责这一工作。这样做是一个清晰的标志并且传达了一个强有力的信息。

这非常适当。定价是你们公司使命的体现——它超越了任何特定部门并且决定着你们公司的总收入。然而在许多公司,定价职能表现不佳,并且远没有发挥其潜力。除非你们的公司文化是由首席执行官或首席运营官负责收入管理,否则很有可能定价会被经常忽视、定价依据常常不足并且临时性强。然而,定价有可能成长为利益增长最强有力的驱动因素。一个公司最高层领导对定价施加影响力的经典案例来自福特汽车公司的总裁李·艾柯卡(Lee Lacocca),他为福特野马汽车设定了价格目标区间,这显然让他的开发团队很失望。

公司最高层管理者采取标志性行动来表明改善定价的决心,是很好的做法。

过程改进

今天，公司的定价过程一般是从目标价目表开始，然后逐个剔除。这个模式与图13-1相类似。

我们认为按这个模式来定价的公司，可以做到更好。更好的定价可以从考虑定价情境而不是价目表开始。

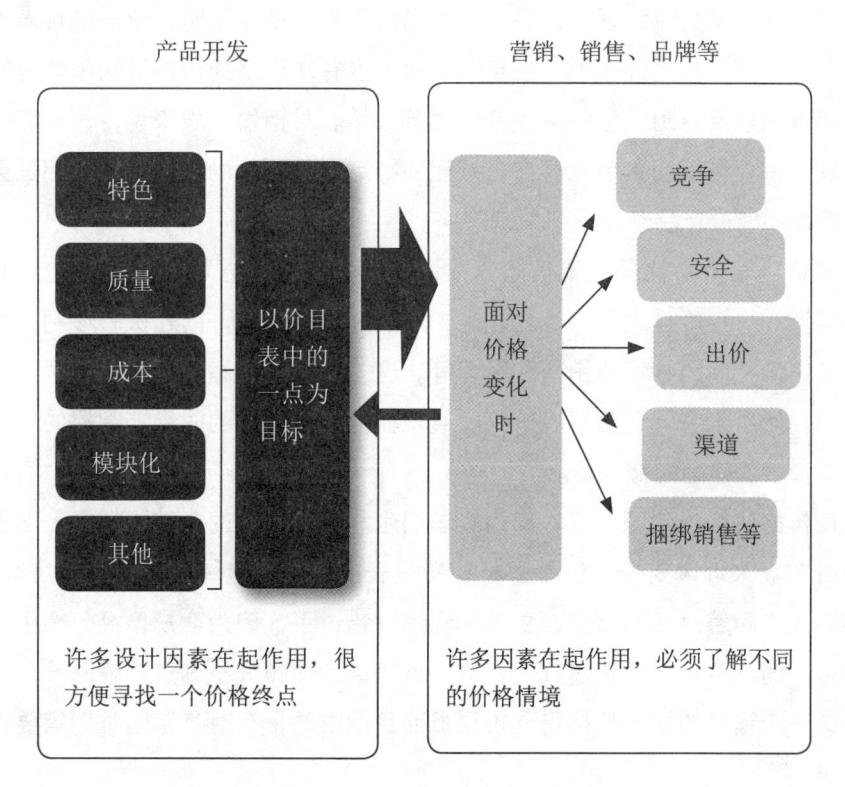

图 13-1　管理焦点——分水岭：
"上游"产品开发的关注点和面对定价问题的"下游"市场

文化与接纳

对任何公司来说，其职能部门中仍有可能存在一些价目表价格的支持者。价目表价格对产品设计者来说是一种有用的简化。在许多情况下，产品设计者们会考虑添加或减去一些特征然后提出产品组件；理性要求他们设定单一的衡量标准：价值因为产品的某项改进而得到了提升吗？提升的价值是否超过了由此而增加的成本？

从产品（或服务）开发者的观点来看，与一种情境相联系的单一价格目标是一种非常便捷的——甚至也许是必要的——衡量尺度。但当职能部门的关注点从产品创造转移到收入和销售时，价目表价格的效用就逐渐降低了。让我们考虑一下产品开发—市场营销—销售演进的每一步骤中所需的市场情境细节水平的不断发展：

虽然便捷性和与市场的隔离状态使得产品开发在单一的价目表价格下也能凑合完成，但是从采购物流经理、产品经理或销售代表的观点来看，单一价目表价格有许多的缺点。对产品经理来说，价目表价格中没有体现出的价格影响因素包括广告和销售渠道的触及范围，它们只能牵动部分市场。对销售代表来说，价目表价格中没有体现的重要影响因素包括客户忠诚度和特定竞争对手的报价。这些都是重要的因素，但都不能由产品开发或研发来解决。

创建价目表价格的最主要危险，或许在于它通常标志着一个资源充足的定价调查的结束。一旦价目表价格建立起来，产品开发就停止，问题被转移到了营销部门。而营销又把问题转移给销售和经营等。这些职能部门届时一定会拆解统一的价目表价格，然后把它转化为情境价格。通常在他们这么做的时候，掌握的资源要比在建立价目表价格之初减少了。

即使价格研究的资源不足，部门经理们也能够在不同的条件（情境）下通过不同的细分市场来理解定价，但是那将花费很长的时间。遗憾的是，在设定价格时，时间不等人。随着时间的流逝，更多的利润被错过了，因为客户已经习惯了过于低廉的价格。同样不可取的是过高的价格，这可能会使顾客不满意并随时准备另寻卖家。扭转一个糟糕的初始价格是代价昂贵而且困难的，有时甚至困难到需要将产品重新发布。[6]

有时候时间更多地被花费在"交易"定价或是调整折扣上，而不是初始价格的设定上。这实际上是个好消息。这是你们公司开始从价目表定价转向情境定价的标志，虽然是通过一种迂回的方式。唯一的问题是交易定价通常在每次只能关注一场交易，而不是一种总体的情境方式。因此在每一场交易谈判中，定价方法必须被重新设定。如果价格已经根据情境（如初始交易、追加销售、竞争战以及其他所有20种左右的常见定价情况）进行了调整，不是更简单一点吗？

的确，价目表价格有时候在市场上确实有作用。其作用之一就是在大众市场中传达了一个广泛的价值。通常，定价是产品和服务价值的关键信息所在。这一信息必须是简单的，否则它就不能被轻而易举地传达。实际支付的价格通常会被与已公布的价目表相对比。这种对比有它自己的效用。例如，大型数据档案的销售商将价目表价格定在目标售价的30%以上，因为公司内部会根据其获得的"折扣"对买家做出评估。慷慨的差价让所有买家感觉良好——他们获得了卖家很乐意给予他们的折扣。这有点像"沃博艮湖"（Kake Woebegone）的孩子们，所有的买家都被故意设定成高于一般的水平。但这是定价的信息传递部分，不是定价的价格设定部分。[7]

价目表可能具有象征意义或是扮演着信息传递的角色，正因为如此，它是有用的。

小结

灌输情境定价的方法不能仅依靠管理者将意识到市场需要它以及公司在情境定价下会做得更好这样的假定。抗拒和漠然会是很强的一股力量。抗拒可能会以无休止的会议形式展现。正如威瑞森公司的销售副总裁德博·哈里斯（Deb Harris）曾经主张的，"不要召开类似怎样从你们桌子上起来的无用的会议"。要制定战略，雇用精力充沛的拥护者来促进项目的实施。在寻求正确的市场信息时不要陷入危险之中。如果在公司内部证实成功的话，这种安排经受的阻力就会减少。

数据用来做什么？数据分析技术的选择

沃伦·巴菲特有一个有名的偏好，就是依靠第一手的体验做出投资决策。一些人称之为"祖母的研究"，另一些人可能会抱怨样本的规模。这些评论或许都有道理，但这确实有效果。另一位名人列昂纳多·达·芬奇（Leonardo da Vinci）曾经说过："我们的一切知识都来源于知觉。""虽然人类的天性是先有判断再形成经验，但我们很有必要反其道而行之，即先获取经验然后再培育我们的智慧。"

这意味着管理层必须选择正确的调查范围，在下文我们会详述。策划者和管理者必须亲力亲为地实施许多行业采访。这对建立模型很有帮助。比如，那些被采访者可能会说："我们以前采用的是集中化管理并且通过纪律严明的程序来接触市场，但接下来我们遭遇了很多抵制，而且这个部门被拆分并入了其他几个部门。现在人们都各行其是。"或者他们会说一些相反的话或在两者之间的话。重点是要实施足够多的采访，以便形成足够大的实例库存，了解改变是如何驱动决策制定者的参考框架的。

"足够大"通常比许多管理者预期的样本数量要小。不要忘记置信水平不仅依靠样本规模，还要依靠取样点与预期模式之间有什么不同。因此，如果取样点与预期严格相符，非常小的样本量也足够了。

还有，别忘了这不是刑法，刑法要求在依据指纹或其他可以由数据表示的证据宣布某人有罪之前，置信水平要达到98%或者更高，是因为疑罪从无的原则。但在这里，它不适用于经济命题——在经济命题中，最有力的证据会获胜。更重要的是，直觉也会被赋予一定的权重。

当然，可以帮助阐明数据的工具包括我们的老朋友——相关性与回归性分析。然而，还有其他一些值得一提的工具：

> 判别函数分析，也被称作析取映射，可以有助于以结果关系得出结论，而不是根据预测公式或是"集中趋势"得出结论。换句话说，它将事件与结果联系起来，而不担心两者之间为什么会有联系。
> 极大极小（Min-max）分析法完全可以被当成一种意见调查的技巧，而不是分析技术（两者兼而有之）。通过询问诸如他们最喜欢和最不喜欢的特征等问题，该方法有助于锐化回答者的结论。通过几回合的问题，这种方法将分离出最重要的和最不重要的结论，即使回答者最初说它们的重要程度是相似的。
> 通过联合分析，排除回答者掺有水分和作假的数据。
> 克里金法（Kriging）可以帮助从极值点插值。这很有用，因为通常极值点（零值或峰值——根据不同的情境）可以被建立，而争论都存在于中间点上。

> 另一种工具是模拟市场。利用群众的智慧被谷歌、英特尔、微软以及百思买等公司证明是有效的。我们喜欢这种工具，因为这些公司创立了"预测市场"，允许员工预测价格（例如股价）范围和购买量（例如谷歌邮箱）。有趣的是，通常内部市场预测会打败市场营销和其他预测。
>
> 因此可以说，有一些工具能将定价练习从原始数据转变成具有一定程度的相关性。然而没有工具能把数据转化成可实施的定价策略或其他结论。对定价来说永远没有完美的信息。最终一步仍然取决于人，他们可以建造工具以做出自己的判断。
>
> 一旦数据在手，运用简单的智慧就可以选择什么数据是相关的，并且将其外推到定价工具上。定价永远没有完美信息，但是推断是有可能的。在《黑天鹅》这本关于数据和罕见事件的著作中，作者警告我们，在真实生活中许多事件的预测不能建立在确定性的基础上，而是在"合理的概率"的基础上。[8]请注意他并没有说数学概率：判断仍然是表达问题的方法。《福尔摩斯》系列图书的作者阿瑟·柯南·道尔医生（顺便说一下，他也是救生衣的发明者）曾经写道："从一滴水……逻辑学家可以不用看或听其他的东西，就可以推断出是亚特兰大还是尼亚加拉的水。因此全部的生活就是一个巨大的链条，任何时候我们被展示了其中一小节，我们就能知道其本质。"

注释

1. 不要低估哲学上的反对观点。许多管理者对价格实质性的提高和扼杀竞争对手的想法很反感。在一家比利时的公司，管理层还抱怨如果他们大幅提高价格，就会对管理团队的社交带来负面影响（例如，聚会邀请减少等）。
2. 许多年来，一些职能部门（例如销售或客服部门）被告知，克服有缺陷的定价结构或不合适的价格点是它们的使命。因此，感受到糟糕定价痛苦的团队将否认任何问题的存在作为他们的使命——毕竟，他们要去解决它。有时候动机更简单，例如，当市场想要可变（"按杯算酒钱"）定价方案时，销售人员则认为那样会减少他们的销售佣金。
3. 有可能是渠道问题，或是产品问题，取决于你怎样看待它。在这两种情况下，表现出的问题并不是定价，尽管我们经常发现定价与渠道、促销或产品驱动力紧密相关。

4. 为什么嵌入基础不能反映对良好捆绑原则的依从性？我们不确定，但是我们怀疑嵌入基础包含的大量捆绑商品在捆绑需求还未满足时就已经被卖出了。在那个时候捆绑商品被狂热爱好者所购买，不管捆绑商品分类是好的还是有缺陷。也许这些早期的捆绑商品买家当时为购买捆绑商品所支付的钱反而更多，折扣模式的缺失清楚地表明早期买家没有价格压力。

5. 中断的情况比你想象的还要多。在一次定价研究之后，首席执行官让这本书的一位作者留下来观察初始执行情况，我在旁边听了市场总监的计划。当她走向平台时，我很惊讶地看到她吹掉了去年市场营销计划文案上的灰尘然后集合队伍。后来我说："卢尔德，这不是你在上周的会议上所同意的做法。"她的回答是："对，但那工作量会很大，重新使用去年的计划会简单很多。"这是一个真实的故事。

6. 例子包括2010年的美国在线公司、2009年的耐克公司，以及经典的1982年灰色芥末的重新发布。重新发布代价是很昂贵的，因此应该被避免，但是这也确实证明了管理层对定价有决定权，而了解那种历史就是情境。

7. 时机把握和价格变动模式非常清楚地说明了你的商业目标和对商业伙伴的要求。当直接交流被阻塞或是不实际的时候，这就变得非常有效。可参见 Rob Docters, "Price Is a Language," *Journal of Business Strategy,* May/June 2003。

8. 参见 Nassim Taleb, *The Black Swan*, Random House, 2007, pp. 50–52。该作者与艾伯特·爱因斯坦曾经提到的观点相似："不是所有重要的事都可以被估量，也不是所有可以被估量的事都重要。"

第十四章　便宜且令人愉悦的定价工具

> **回答：**……我们向美国国家保险营销员协会提出了这一问题，它有这方面的大量图表。
> **问题：** 他们的答案是什么？
> **回答：** 他们此刻正在你房间周围。
> ——戴夫·巴里，《货币的秘密》

在公司内部运用定价工具不仅仅需要精准的计算，还必须与其面临的市场相联系，并且要与公司的特定价格驱动力相衔接。简而言之，要让一种定价工具能产生有用的结论，依据公司具体情况进行某种程度的定制是不可避免的。定制要求定价工具能够做到：

➢ 与工作流程相匹配，与内部用户的预期相符合。
➢ 适应市场情境。

通常，规模较小的独立工具，能够比涵盖整个企业的系统更快地实现这些目标。在此，简单的工具虽不能实现如同复杂工具所能达到的效果，但却能产生比其本身成本高过成千上万倍的价值。

情境定价

一些规模较小、重点相对集中的工具——在电子表格上运行、依据公司特点高度定制——能够在价格水平、折扣、价值信息或者捆绑组件等方面向你提供指导。若包含前期分析，这样的工具成本通常在十几万到五十万之间。而另一种选择是非常复杂的程序，例如 PROS 和 Vendavos 等。它们拥有完善的自动化的界面、更深刻地融入工作流程以及保护行业优势等特点。在许多情况下，这样的工具提供的算法很难在机构内部模拟。同时，这类工具还提供其他的好处，例如制定程序来帮助管理审计工作，控制销售定价，以及对成本、效益及贴现等方面进行详细的分析。它们的这些广泛特征以及七位数的定价往往使用户很容易接受它们，但其成本也相对昂贵。[1]

以上两种选择通常被看作是相互替代的，但事实上并非一定如此。便宜工具的好处在于其成本很低廉！但同时廉价的工具也意味着它们往往只被使用一次。执行这类工具所需的时间，通常只是大规模系统所需时间的一个零头。你们公司可以迅速地创建一种廉价的工具，在获得更多地了解之后再更从容地转向大的系统。

即使那些廉价的工具并未在公司的预算当中，现在互联网上还有一些更便宜的定价工具，也可以很好地满足一些定价目的——提供另一种选择来简单地模拟竞争者可能采取的行动，或者提供培训的机会。有一个名为 Pricewitch.com 的免费网站就使用了复杂的算法，以对产品水平定价与捆绑商品价格点提供建议。[2]

无论是临时性还是长久性的解决方案，这些定价工具都能够帮助你们公司弄清楚市场情境与价格是如何根据产品和市场变动的。如果产品经理或销售经理试图实现更好的定价，一个基于电子表格的简单工具就可以作为一个宝贵的定价引擎。最大的好处在于，这些定价工具能够根据你们的产品进行定制，以适应具体的价格情境。以下是六种新出现的和流行的定价工具与程序，它们可以被用于缺乏支持的定价需求：

> 产品定价，帮助产品管理者在考虑到不同的购买情境基础之上，针对具体的产品设定价格。
> 产品价值，将总的价值主张转化为针对特定顾客细分市场和情境的具体、量化的收益。
> 折扣计分卡，可以告诉销售、销售管理与产品管理部门，在特定的环境

背景下针对一种产品所应给予的适当折扣。
- 捆绑模式，可以利用你们公司报价组合中的多种产品与组件并严格地计算出商品捆绑的基准价格（换句话说，合适的"捆绑折扣"）。
- 需求曲线，将市场细分与价格目标相联系。
- 专利项目，能够避免创新性定价被模仿。

如果任何价格工具能够填补你们公司定价需求的一项空白，那么它就有可能成为给你们带来高额经济收益的管理能力之一。

这些高回报的价格工具包括：(1)折扣管理工具，(2)产品定价工具，(3)量化消费者收益的产品价值计算器，(4)捆绑商品价格计算器，(5)与市场细分相关的需求曲线，和(6)用于保护知识产权的改进后的专利程序。

产品价格工具

产品价格工具为产品管理者提供了报价起点，同时协助定价过程向情境定价过渡。

通常，建立价格工具的第一步就是调查价格驱动因素是什么，把这些驱动因素分离出来并且根据历史考查它们。这些价格驱动因素可能与产品自身相关，与购买者或者细分市场相关，与竞争对手相关，还可能与潜在用途相关。通常半数的驱动因素从本质上讲都是与情境相联系的，而不是纯粹的产品衡量尺度。最后，得到的结果以可用的形式加以表示是很重要的。通常情况下，产品价格不仅仅只有四五种价格驱动因素。

例如，对于处于主导地位的营销信息供应商，一个四部分的定价机制捕捉了80%以上的观察到的价格变化。图14-1展示了这种定价工具经过修饰但未经简化的例子。

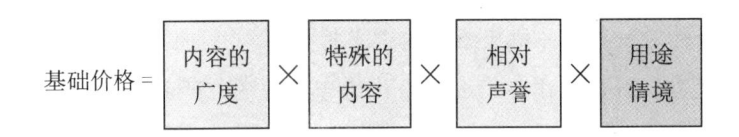

基础价格 = 内容的广度 × 特殊的内容 × 相对声誉 × 用途情境

图 14-1　情境基准价格：图解在一个案例中情境基准价格是如何计算的

注意到以上四个组成要素中仅有一个是与产品自身相关，而其余三个要素都与竞争对手的产品相关了吗？这一简单的结构与权重和系数相结合，比之前用于此类决策时的评判逻辑更为复杂。之前的定价行为集中于广度上，但并未明确地强调其他因素——尽管我们知道这些因素在许多情况下是很重要的。

既然价格工具能够量化这些不同情境的净影响，它也可以证明，根据不同的情境进行区别定价是值得的。同样，产品的情境价格工具还经常用以量化品牌推广与市场沟通的收益，以及量化这些领域的改进将为定价带来怎样的支持。在这种情况下，声誉对价格的影响可以直接在工具中体现出来。在制定预算的过程中，这是一项很有用的信息输入。

产品价值工具

价值主张常常缺少价值收益的量化以及与竞争产品相比的差异性收益。而一旦提供了这些内容，这样的价值工具将是非常强大的。以一段促销美孚一号机油的视频为例，它详细描述了其低能耗与低排放的优点，并主动与汽车车队分享了一段财务评价，分析了这将给其汽车的可靠性和引擎寿命带来的积极影响。[3] 收益的量化对维持这种性能卓越的润滑剂的价格非常有用，尤其是在具有挑战性的价格环境（情境）下。人寿保险是另一个非常重视体现价格的行业，所以人寿保险代理商往往会做出很多的表格与模型来证明购买他们的保单和不购买保单将带来的后果。[4]

然而，许多产品在出售时并没有就其收益进行实际量化。尤其是服务产品，在出售时并没有充足的量化的证据来支持价值的差异，因为事实可能更有说服力。一家领军的在线汽车融资公司的财务决策者曾经这样描述缺乏支持给购买决策带来的后果："当我接受任务来评判两种产品时，所有人都认为一位商家的声誉更好，产品更出色。但尽管这个商家说自己是更可信的，却未能给我任何数据，因而当需要给管理层提供建议时，我别无选择地选了定价更低的商家。"[5]

这根本不应该发生！每家公司都必须能够构建一组论据或者某种工具，提供给后台管理人员，作为他们选择时的依据。倘若没有相应的工具或者论据，那么这些后台管理人员就不得不想办法来证明对你们公司有利的决定——而如果他们不选择这样做的话，那么你们公司就输了。

这种问题的核心通常就在于问题的复杂性或分析的难度，两者都可以通过模板或以工具为基础的计算来解决。

综合服务

对于复杂或是综合性的服务，列有所有服务方面及其对顾客的价值的电子表格模板，将会对实现价格目标具有重要作用。

该电子表格应该包含对于服务的每一属性或是元素将会产生的收益的估算。这些收益或许很不容易进行估算，但与消费者相比，销售者更应该花时间来进行这种估算。这时千万别忘记情境：选取对你们的产品有利的环境。如果潜在买家不认同，他们就会对你的估算或假设进行修改，但至少这样做的负担在于他们——懒惰的买家就会成为你最好的朋友。

例如，一家领军的饮料公司向其最大的顾客提供了一份12页的详细清单，其中列举了其产品与服务的要素以及能带来的收益。能提供这种全面的清单已经是强于一般水平的做法了，但如若还能够辅以收益的计算器或电子表格（例如按照汽水店的比例或其他缩放因子量化收入），那么该电子表格将为商务洽谈提供强有力的基础。

分析的难度

当购买的结果很难预测且你与竞争者的报价差别没有得到量化时，那么建立一项工具来将这些潜在收益转换为具体的金额就显得意义重大。

通常，无论是带顾客进行游览参观，还是向其进行宣传，其目的都在于让消费者相信自己的能力，并且表明他们必须认真对待这种服务的需求。例如 SunGard Availability Services 公司允许人们参观其令人印象深刻的灾难后援设施。该参观的确让潜在顾客相信，如果灾难发生的话，公司完全有能力迅速地采取一切可能手段来保持呼救中心或计算机支持有效运转。这是一种非常好的销售程序，但是该公司与其竞争者并没有在此基础之上辅以灾难发生可能性的具体量化信息，以及不同服务商的产品差异将带来的量化财务影响。这就是为什么这种时候购买驱动力往往是规章或者是法律压力的原因了。然而，在其他的行业里销售者并非总能够获得该"奢侈品"。

通过对历史或建模的数据进行检验，或者对两者都进行检验，任何差异都可以通过模型进行分析。或许这些模型并不能达到学术上的置信水平，但是肯定比猜想或是顾客质疑更有效。例如，利用判别函数分析或布莱克—斯科尔斯（Black-Scholes）期权定价等数学方法，根据偶发事件进行推断，通常可以提供一组数字，这是简单数学不能做到的。有的时候当谈及支持价格时，有任何数字都比没有要好。如同一句老话所说，"在盲人的世界里，一个简单的数字都是王道"[6]。这在销售具有高度不确定性的服务（例如保险、后援系统、新分销方法、质量担保等）时，尤为有价值。

所有这些方法都可以帮助巩固你的产品价值。辅以情境，每一种工具都可以被有力地运用到细分市场或者顾客身上。尽管这需要费工夫，但其回报却是实质性且可重复的。请注意，进行收益估算的方法通常有很多，而市场上第一个向买家介绍估算或计量收益最好方法的卖家将获得优势。在某些情况下，你甚至可以为该方法申请专利。

另外，一个事件的发生率与其重要性（破坏模式）也意味着不同的商业模式：很少出现的后果严重的事件意味着你的报价中应该包括"保险"。经常出现的后果严重的事件意味着你必须与消费者进行风险分担。很少出现的后果轻微的事件意味着应该提供保证，而经常出现的后果轻微的事件意味着需要服务和维修分层。[7]

折扣计分卡

消费者购买行为可以被融入一个相对简单的模型之中。该模型必须能计量风险、反映情境的变化，并分析这对于定价意味着什么。

这个逻辑可以用简单的"如果—则"表格进行阐释。"如果"是关于客户的问题，而"则"回答这将给报价带来的影响。通常"则"是关于何种水平的打折是合适与必要的，但也可能包括例外情况。例如，若购买者只关注价格，那么适当的做法就是在进行大幅度打折的同时，限制保修或者减少零件存货，取消免费运输。

"如果—则"表格也被称为折扣计分卡，可以反映影响折扣与消费者损失风险的六大要素。听起来很复杂？但其实不然：一种好的折扣计分卡提出四到六个关于销售代表（或者其他决策制定者）的问题，并且这些问题必须与销售人员的市场经验直接相关。剩下的计算则在"幕后"进行。

虽然产品定价工具针对的是影响产品，进而传达到所有目标顾客的要素，但折扣计分卡要解决的是具体到客户层面的差别与要素。例如，产品定价工具会考虑产品的整体使用水平，但却不能区分出哪些客户的购买决定是由委员会做出的，哪些客户只有单一的决策者。

建立一个折扣工具的技巧有三步。第一步：通过销售团队和消费者访问识别潜在的价格驱动力。第二步：通过数据分析，给识别出的价格驱动力分配权重。第三步：检验这些权重，以便在追溯历史数据时该模型能够预测结果。这需要一些重复运作，但它确实有用，因为它可以使公司随着市场发展而灵活地改变权数的分配。历史检验还可以给你提供"预测性"的数字，而且它还使你可以大致估计缺乏定价工具造成的收入损失。

价格工具的推出需要花费一些心思。若销售团队熟悉其背后的逻辑并寻求方式改善定价的话，将是非常有帮助的。这意味着你可以将折扣计分卡的使用与销售报酬联系起来。而太多的情况是，客户团队认为他们了解了定价所需的所有信息，憎恶公司强令使用的定价引导。这就是定价组织通常被当作销售团队的敌人的原因。然而，我们发现这一工具在一些问题上的表现要超过销售团队，例如判断一位客户是否有可能倒戈向其他卖家。[8]

捆绑模型工具

对于寻求创建捆绑组合并将其用于与竞争者斗争的产品开发团队而言，以模型为基础的工具被证实是有效的。这种模型需要以捆绑定价逻辑为支撑；但是一旦建立，其使用是非常容易的。

简言之，其目标在于识别捆绑的核心，并建立起与核心的相关性。电子表格模型直接将组件的独立价值与相关性相乘，得到预期的捆绑内价值。然后电子表格只是将核心价值与捆绑内组件价值相加。足够简单吧？

然而，如果你们公司的不同细分市场具有不同的核心（例如，以视频为中心的核心订购者、以远程通信为中心的订购者），而且潜在捆绑组件的清单很长，那么电子表格工具就是在众多的选项中做出评价的一种快捷方法。另外，它还保证了那些担心相关性的管理者能够获得一些慰藉。

尽管该模型简单且廉价，但其结论却有着重要的意义。几乎所有的管理者所提议的商品捆绑都会包含相关性很低或者为负（替代，非互补）的捆绑选择。该模型清楚地说明了其产生的结果。进一步而言，倘若了解所有潜在的捆绑元素，那么管理者就可以快速地测试潜在的捆绑——如此一来就可以节省宝贵的市场调查经费，而只进行最能满足需要的测试。

需求曲线

需求曲线与供给曲线相配合，其结果预测了商品在竞争性市场上出售时的价格和数量——这也是任何一个公司的管理者都会代表公司问到的两个最重要的问题。然而以供求曲线为基础的市场分析相对较少。

出售的价格与数量是基础性的问题，对不对？一些非常著名的营销成功案例就在于使用了供求模型分析。最近麦当劳提供的一系列实惠套餐就是运用了供求分析，这是适应较低收入消费者需求曲线变化的最好做法。其他成功运用供求曲线的案例来自于电力市场，[9]以及电子计算机、移动电话制造商对于需求曲线的使用[10]——这些案例都将这种分析与巧妙的购买策略相结合，供应商往往以低于成本的价格进行竞标，但最后都售出了更多的数量。

公司不惜花费数以百万的资金来进行消费者调查、市场扫描与成本计算——这些是职能部门进行供求分析的基础，但是很少有公司将它们与市场的需求曲线相结合。这并不是因为概念太新颖。供给与需求曲线在定价与需求预测方面是最古老的工具：早在1776年亚当·斯密（Adam Smith）所著《国富论》（The Wealth of Nations）和1817年大卫·李嘉图（David Richardo）撰写的《政治经济学及赋税原理》（Principles of Political Economy and Taxation）之中，就已提到它们之间的相互作用。

遗失的策略工具

尽管供给与需求并不是情境本身，但它无疑概括了情境定价力中的重要情境信息，即买家与卖家的相对充足。然而，许多公司从未做过类似的分析，甚至从未认为这种分析是可能的。一些经理人认为从公司外部获取任何信息都是很困难的，而将这些信息凑到一起形成统一的供求观点更不是他们在业余时间里能够做到的事情。

在某些情况下，这些经理们依赖于弹性曲线来进行促销定价与增量定价。在信息自由流通的商品市场上，弹性显示出消费者对于价格变动的短期反应。弹性有利于策略性定价（例如优化库存周转）。一些定价系统运用推理加强它们的弹性分析，帮助在多种产品同时销售的局面下区分单一产品的价格（例如广告捆绑与零售）。使用电子计算机就很容易进行该分析，但却不能生成需求曲线。

既然电脑系统能便捷地进行弹性分析，那么为什么还需要供求曲线呢？如果你所有的策略建议都集中在促销或者存货量上，那么就没有必要。但倘若你是一位高级经理，想要增加收入、进军新市场并且打败竞争对手。那么需求曲线是必不可少的。需求曲线能解决重大的问题。为何高级经理们不经常关注需求曲线？或许这句古老的格言"鱼从来不会注意它们生活的水体"非常形象地解释了他们不关注的原因。每家公司都要受供求曲线的支配，而需求是所有经理都关注的问题。每次有人提到"市场"这个词，他们真正想表达的意思是供给与需求——因此关注消费者与市场也就是关注你的需求曲线。也许是时候该明确关注的真正含义了。

不要将弹性图与需求曲线相混淆。弹性在很多层面上都具有欺骗性，而需求曲线更具有战略意义。

新产品开发工具

对于需求曲线可以为你们公司提供的帮助，两个普遍适用的例子来自于产品开发和竞争分析领域。就前者而言，产品开发通常要遵循一定的程序，依靠顾客研究来确定大多数被调查者表明购买意愿的一点。这种简单的"是与否"的调查会留下很多悬而未绝的问题。通常来说，这造成了公司的收入损失，在评估新产品会如何改变消费者的价格认知方面效果也很差。这就是许多产品上市后，面对的却是反响冷漠、令人失望的需求，或者出人意料地大受欢迎，抑或是出现与预期需求相悖的其他任何情况的原因。

使用需求曲线，产品开发者就能够沿着需求曲线瞄准多个价格点，清晰地了解市场可能的反应。这样做要好过开发新产品然后去猜想到底应该怎样对产品分层进行调整以满足未占领的细分市场。关于需求曲线，一个典型的例子是在成熟的设备市场上，那些精英级别的细分市场愿意每年支付 1,000 欧元的金额，而一个大型的未开发的细分市场只有在价格少于每年 70 欧元的时候才会愿意购买。该曲线很清楚地表明了所有细分市场都不能以中间水平价位每年 400 欧元来销售一种产品。更重要的是，该曲线促使管理层考虑，若是受到产品推广时的定价诱导且更深入了解到该产品能够带来的收益的话，低价位细分市场的需求曲线是否会上移。[11]

需求曲线应对全面市场变化

供求曲线常常显示出重要的关联性。供给曲线的任何变化都能引起需求曲线的变化，反之亦然。例如，以低价供给一种值得信赖的新产品时，许多买家尽管在之前没有兴趣，但也会花时间去了解这类产品的价值并决定购买。一旦销售出现并且产品理念得到证实，那么需求的变化就会加速。这样的例子包括电子导航。随着全球定位系统（GPS）价格下降，许多之前满足于使用纸质地图的人现在都转向购买该设备。在 2007 年，GPS 的销售量达到了 1.8 亿，平均每台的价格达 189 美元。如此的数量——以每年 27% 的升幅攀升——在 2004 年是无法想象的，那时 GPS 平均价格超过了 400 美元以上。弹性分析根本无法显示这种结果：每台 400 美元的 GPS 的价格促销在短期内带来的效应，远远不及现今市场上的销售量。

竞争性定价策略

使用需求曲线还有一个同样重要的目的，就是利用需求曲线的功能来思考竞争的战略性应对策略。此处列举一个法律出版市场的例子。一家名为 Moore's Federal Practice 的优质出版公司遭到一家名为 Wright &Miller Federal Practice and Procedure 的低价出版商的攻击。管理者典型的回应方式应该是降低 Moore's 公司的价格，但这样做会存在使订阅者失望的风险（如果随之而来的是内容的缩减），同时也存在大幅度使用价格歧视疏远了订阅者的风险。然而，管理层仔细研究需求曲线后发现，他们应该设置一个比 Wright &Miller 公司攻击的价位更低的价格，这一版本的图书就可以进行充分的调整以避免 Moore's 公司主要订阅群体的流失风险。

结果证明，这一策略在市场上取得了成功。新的出版物《Moor's 压缩版》的销售量实现了需求曲线的预测（不是即刻，而是逐渐实现的），并且防止了 Wright & Miller 公司向上游市场的移动，避免了其对 Moore's 主要版本的攻击。

自己动手建立需求曲线

自己如何建立需求曲线呢？关键在于找出市场敏感度指标。指标可以包括好的市场细分，[12] 或者是现行的产品分层，抑或是已经定出不同市场层次的不同竞争对手。开始时要制作表格，以表明当前的价格与数量关系。举一个例子：如果现在的香水品牌主要有 50 个，价格区间为每盎司 15—1,000 美元，那么你可以就销售量进行粗略的估计，然后以此为基础估测需求曲线。我们可以从左侧开始填入定价最高的香水的销售量，然后向右逐渐增加其他定价较低的香水品牌的销售量。位于第 50 位的最便宜的香水品牌（或者品牌组）应该接近市场的总量。这样，一条非常详尽的需求曲线就产生了，管理者可以依据它来形成判断、洞悉市场以评价从需求曲线的每一段有可能获得的最高（最低）价格。

生命周期

我们发现，需求曲线会随着产业成熟而发生改变。当市场很年轻、处于成长期的时候，需求曲线往往呈凸状：当一项新产品为消费者所接受时，许多细分市场愿意支付高价。我们认为这主要是由于销售者比对点的缺失，而且在年轻的市场上销售者的数量通常相对较少。在视觉上，需求曲线会非常平坦直到突然下降，这是因为你来到了还未意识到对该产品有需求的细分市场。一个相关例子就是咖啡屋。星巴克的进驻实际上会提高周围地区对咖啡的需求，从而使现有的咖啡屋受益——它们还可以提高价格。通常，新产品会激励市场。

随着产业逐渐成熟，需求曲线就会变凹。其他的产品选择已经侵蚀了曲线的中间部分。例如，随着高价咖啡的理念与其周围咖啡店的发展成熟，星巴克开始削减其数量；其和同类产品的其他商家之间的关系日益紧张，互补性减少。对于需求曲线，一种帮助记忆的方法就是将其想象成人的脸部：年轻的时候形状是圆的，而年迈的时候就变得憔悴。[13]

了解你所在的行业将如何发展变化可能非常有用。如果你像我们建议的那样，将各细分市场与需求曲线的不同部分相联系，你就会知道哪些细分市场可能对价格上涨更为抗拒——曲线的中间部分。这就会告诉你，对于哪种细分市场你必须对提供的产品进行分层，并建立能够从容适应价格压力增长的新的产品结构。考虑到资源的有限性，你最好能适时采取前瞻性的行动。比如，在许多市场上我们看到，在产品生命周期早期具有最高底价的细分市场，始终是对于价格最不敏感的消费者。

产品组合

最后，需求曲线对于防御性策略也十分有效。雅诗兰黛公司（Estée Lauder）就是一个对实际与潜在竞争者做出高度战略性回应的精明的现有厂商。雅诗兰黛公司定期发布或者收购一些品牌来打击价格更为低廉的新进入者。为强化对这一问题的关注，雅诗兰黛公司还将管理层拆分为两部分，分别管理高端化妆品和针对折扣顾客的化妆品。这就使得雅诗兰黛公司能够有效管理其传统品牌，比如 Youth Dew，以及发布面向年轻人的新产品，比如 Flirt。雅诗兰黛公司充分利用对需求曲线的理解建立了一系列复杂的品牌，但是这些品牌针对的人口对象与价格点并无重叠。[14]

当谈及需求曲线时，最大的困惑在于它们为什么未得到更广泛的使用。虽然公司与政府的决策者在学校里都见识过这一工具的威力，但却未能去探寻对于价格与数量的进一步了解。或许，经理们应该开始有意识地要求对供给、需求与价格进行直接的分析。高层管理者与政策制定者应当清楚地看到，自己是否缺少有关需求曲线的基础文件，注意力是否被诸如弹性之类的次要分析工具所转移。

专利项目

想要让你的定价梦想实现吗？你已经建立起一套价格结构或者工具来规避竞争、取悦消费者以及提高利润——接下来你该做些什么呢？

尽管一些无知的建议认为专利并不能起到防御作用，或是一些同样无知的观点认为专利可以防御一切，但确实有很多关于专利如何有效地协助抵制或者阻碍定价模仿者的记录存在。最知名的案例之一就是一家名为 Priceline.com 的流行网站。该网站以买家竞价开始进行反向拍卖，例如预订旅馆房间或航班。Priceline 网站将这种方法申请了专利，起诉了一家早期模仿者并胜诉。这样，专利帮助它保持了独特的（并且不言而喻，也是情境的）定价方法。

保护价格结构，而实际上也是保护产品的所有方面，最行之有效的方法就在于更密集地发展专利。这样的一个案例来自前微软技术总监内森·麦沃尔德（Nathan Myhrvold），他投入高达50亿美元申请了几千项专利，并借此大规模地开始起诉那些侵权的公司。[15]许多首席执行官不喜欢这一商业原则的改变，但忽视其发展趋势是很危险的。获得专利或者拥有其他知识产权既能起到防御作用也具有进攻作用。例如，一家市场领先的软件公司遭到侵犯专利权诉讼，但最终却全身而退，原因就在于它以拥有的多项专利为基础进行反诉。如果没有这些专利作为可交换条件抵消对方优势的话，其代价将要昂贵得多。

这就是你可能需要专利程序的原因所在。就像现今的产品团队要确保其产品满足税收与其他法律要求一样，他们也必须准备好专利鉴定与备案系统的工作。使用该系统的便利性很关键，因为短期内产品将实现货品化或者是公之于众，专利申请就不能成立。

专利程序有两大要素。一是过程要素，界定了如何识别与选取申请专利的机会，如何因为好的专利而对经理人进行嘉奖，申请该如何成文，如何使用"未决专利"，又如何使用经过批准的专利。第二个要素更有实质意义：专利最初追求的是快速批准，然后需要积极地执行，甚至通过购买许可证加以强化。[16]

定价专利的情境是什么呢？可以是任何东西：通过针对特定市场、细分市场与具体情况形成你的定价专利，你就有可能得到一个更有力的专利，并且能更迅速地通过审核。这样做的目的不是要让专利申请堆在专利办公室里积攒灰尘（很多专利申请就是这样），而在于建立一系列的权利组合，并且将其部署到你们公司的市场之中。如果它们恰好还有进一步的用途，你就能够通过颁发授权许可来用它赢利，就像IBM公司那样，每年基本上可以从知识产权中获利10亿美元以上。

小结

有时，一项金额很小的投资会胜过没有投资。小的投资也常常会起到很大作用。例如，白星航运公司（White Star Line）为了节省花销，未给泰坦尼克号的瞭望台配备双筒望远镜，要是它为其配备了的话，有谁知道会不会避免那场与冰山的撞击呢？至少现在回想起来，他们看起来的确是忽视了一项非常值得的小额投资。

同样的道理，定价工具也可以物有所值，它可以使得产品管理者不依靠对复杂市场的简单直觉来制定价格。你们公司目前的销售渠道要么是在冒着客户流失的风险猜测价格，要么是在夸大经济收益（而不是提供靠得住的铁证）；而一些相对廉价的定价工具就能产生很好的收入效果。对于市场经理而言，市场需求曲线可以为其提供重要的战略性认识。

对于基础设施的这些基本投资，最大的障碍不是几十万美元的投资额；而是在定价的过程中，这种长期依靠直觉与经验的定价做法拒绝做出改变。

注释

1. 激励在灌输纪律过程中的作用对于定价很重要，但并不是本书的重点。它能够让销售人员迅速地接受新的工具。见 Marc Hadoc 的优秀文章："Pay for Performance: Besting Best Practices," ChiefExecutive.net, 2011。

2. 互联网上有许多面向买家的定价引擎；这些引擎可以比较价格，但对产品与销售管理人员确定最佳的销售价格几乎没有帮助。其中一个帮助卖家确定价格的网站地址为 www.pricewitch.com，这个网站是免费的，而且很有趣。该网站可以接收你的输入并提供建议的目标价格，或者对内部制定的价格提供"另一种意见"。它还可以对价格结构提供评论。

3. 观看拉斯维加斯出租车行业测试视频，请登录 www.mobil.com。其视频讲述了人们对于油耗与发动机能耗的讨论。

4. 有趣的是，这些保险公司与医疗保险商在 B2B 营销与销售方面都相对缺乏价格工具。尽管它们拥有大量的数据来说明在什么时候一个组别的保单将由于客户的不利选择而经历经济亏损，但它们也没能建立起相应的价格工具来说明在何种时点、何种情境之下购买该保单的公司可能由于价格因素而流向其他的保险商。

5. 高级主管，www.carsdirect.com。

6. 由 O. Scott Rogers 和 Pat Clark 改编，他们是 Vinson & Elkins 公司石油和天然气法律方面的权威。统计数据来自 Nassim Nicholas Taleb, *The Black Swan*, 同上，88–92 页和 138–139 页。

7. 想了解更多有关后果与频率对于结构影响的内容，请参考 *Winning the Profit Game*, 同上，129–134 页。还可见 B. Shapiro, "What the Hell Is Market Oriented?" in J. Sviokla and B. Shapiro, *Keeping Customers,* Harvard Business Review Books, Cambridge, Mass., 1993。

8. 例如，一个委托建立一个折扣计分卡工具的公司也要求销售代表对不同客户的"损失风险"进行评定。中层销售管理者对这一研究心存不满，当模型草案表明制药客户诺华公司（Novartis）的流失风险非常大时，他们被彻底激怒了。就在销售人员准备举行会议来抗议说这个模型有缺陷之前，诺华公司取消了订单。

9. 参见 A. Faruqui, et al., *Pricing in Competitive Electricity Markets*, Kluwer AcademicPublishers, Boston, 2000。

10. 成功案例包括戴尔公司和摩托罗拉公司。参见"Winning the Profit Game. Smarter Pricing, Smarter Branding," Rob Docters,et.al. McGraw-Hill, 2004，chapter 5。

11. 来源：ABI Reaserch and NPD Group, 2007年12月"黑色星期五"报告。

12. 不幸的是，许多细分市场并没有区分不同的价格敏感度，因为它们已经适应了渠道差别或是混杂各种价格敏感度的产品分类。然而，大多数细分市场并未反映出价格差别，虽然这是市场细分最重要的要求。见 R.Frangk, W. Massey and Y.Wind, *Economic Principles of Market Segmentation*, Prentice-Hall, 1972。

13. 参见"At Starbucks, Too Many, Too Quick," *The Wall Street Journal*, November 15, 2007, p.B1。仅仅5年前，情况还完全不同。见"Despite the Jitters, Most Coffee Houses Survive starbucks," *The Wall Street Journal*，September 29, 2002 第1页。

14. 参见"Estée Lauder's Dynasty: the Sweet Smell of Succession," D. Roth, Danielroth.net, September 19, 2005。还可参见 *Winning the Profit Game*，同上，218-219页。

15. 参见"New Salvo in Tech Patent Wars," *The Wall Street Journal*，December 9, 2010, B1。程序申请专利的另一个好处在于更快捷与低成本地取得专利。

16. 摘自 Patent and Alliance 有限公司的市场总裁 Market Nowotarski 在2011年3月16日的演说，他同时也是一名专利代理人。

第 十 五 章　关键的情境数据并不在你们公司的数据库里

> 石油是有限的，但信息是无限的。
> ——埃里克·施密特，谷歌前任执行总裁
>
> 人生是如此奇妙，它远非人类臆想可及。
> ——阿瑟·柯南·道尔爵士

有一种策略宣称，"让我们建立一个真正的大型数据仓库，然后以此为基础确立我们的定价能力和策略"，通常这样做将导致失败。这个计划根本不能实现。

为什么？因为无论这个数据库有多大，它都很难捕获那些定价所需的重要数据。理由有两个：

➢ 数据库中的数据是因其他目的而捕获的。
➢ 这种数据恰好可以支持定价策略或者定价维持策略的概率非常低。

前面一点并不是说信息不能服务于多种目的，而是揭示了如果数据不是为了定价而收集的，那它的适用性就会变得很偶然。

我们来思考一下通常构成一个数据库的数据板块的不同用途：

> 公司系统中的大量数据是为了会计记账目的而获取的，从而形成公司盈利报告和股息。然而消费者并不关心你的赢利能力。

> 一些数据是为行政管理和人力资源管理而收集的，对于买家或者潜在买家而言仍然没有什么吸引力。

> 消费者支持的目的看起来似乎是正确的想法，但许多这样的数据都聚焦于购买之后的消费者，而不太关注"为什么消费者以这个价格购买"。

> 数据中可能包含市场价格信息，但直到近期，在营销家族重新聚首时，定价一直扮演着一个可怜亲戚的角色。大多数的营销活动更重视产品、推广和渠道——而非定价。

> 最近，系统中还收集一些数据供销售运营使用，有时候也在消费者调查中使用。这通常是很好的做法，但它几乎从没为定价过程提供完整的或者令人信服的见解——这一任务通常被布置给了个别的销售代表。

公司不能依赖于定价需求与其他需求的偶然重合来确保经理们获得必要的定价信息。

定价有赖于理解消费者和他们的决策过程与决策情境。这些信息，与成本之类的信息不同，通常不会被系统地收集（尽管经理们本应该了解这些信息）。一个理由是公司内部的优先考虑事项如会计等，在次序上要先于定价需求。另外，在没有前期调查的情况下，经理们也不会就获得关键性定价数据做出特定的要求，因为特定性的难度很大。

竞争的影响

我们已经在第三章讨论过了情境的定价因素，并且你可能也已经发觉了很多此类数据并不在你们公司的数据库里。然而这里我们还要做出提醒：最重要的情境之一就是竞争。关于竞争对手，你们公司掌握了哪些系统性的数据呢？它能根据特定的市场来分类或者分析吗？根据产品重叠？根据渠道？在大多数情况下，回答都是否定的。即使是规模非常大、精明并且资源丰富的公司也仅有有限的竞争性数据。

与成本之类的信息不同,情境定价是基于管理者已经了解的数据,但它通常不是系统性地收集的。经理们需要为关键性的定价信息制定具体的要求,而不是随机"抓取"数据以期它们能够满足需求。

竞争对于定价的影响无处不在。掌握关于情境的充足信息,意味着你能获取关于竞争对手的广泛的系统性信息。例如,很多时候,公司甚至没有监测在每个地区经营的竞争对手的数量。这很不幸,因为竞争者的数量经常可以被当作一个市场上"供给"的很好的近似值,并由此构成供需等式中的一半。

令人悲哀的是,大多数公司往往并不系统地记录竞争对手的价格方案、价格水平、产品覆盖范围、地域或竞争性细分市场的信息。事实上,一个大型的消费品公司会特别地禁止它的竞争性情报小组记录任何未公开的信息——当然,这些信息也是全部可获得信息的一小部分。

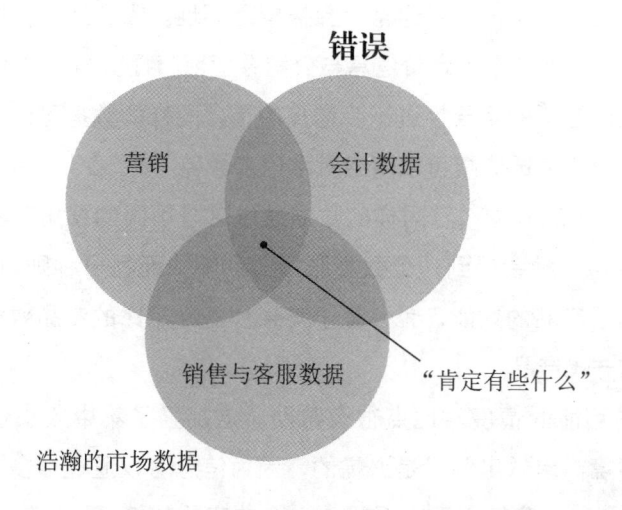

错误

浩瀚的市场数据

图15-1 关于信息的错误观念:韦恩图(Venn diagram)标示的将信息视作有限的经理人的数量,以及他们如何错误地认为建立一个大的数据库将满足情境数据的需要。计划是必要的。

这里的重点是,你们公司"有很多数据"这一事实,对于定价而言是不够的。

世界上的数据数量几乎是无限的。这意味着就偶然程度来说，无论你们的数据库中有什么，你们拥有的数据恰好是所需数据的概率几乎为零。通过图表来表示的话，许多经理人相信以下的图表代表了他们拥有自己所需定价数据的概率。这个假设是错误的。如果根据比例来画，每个圆圈将会小得几乎不可见，并且在每个圈内的数据与定价所需数据偶然地重合的可能性几乎为零。因此，不要把你的数据想象成图15-1所代表的那样

一个公司的数据库可能拥有数万亿字节的数据，但仍然无法就市场价格驱动力给出任何关键性信息。再大的数字除以无限都等于零。

对于所需信息的一个平衡的看法

当然，数据的可利用性不仅只有巧合驱动。然而，虽然管理者无疑是在尽力确保公司捕获到最佳信息，但有时候具体说明什么是正确的定价信息是非常困难的，而当资源被分配之后，这一难题通常就会被置之不理。没有经过仔细的研究，市场力量通常是模糊的。问题在于定价信息与公司经营部门提供的信息不同。

使得收集正确信息的重要性进一步增加的是，同样的数据可以用不同的方式来看待。例如，大学的考试成绩可以用绝对术语来看待（A、B、C等）或者通过比较来看待（前5%、前25%等）。同样的数据通过这些不同的视角来看，会得出非常不同的分析结果：一种会受到"分数膨胀"的影响，而另一种则对此免疫。同样，定价通常不仅基于产品的效能，也会基于与某种基准相比的产品效能，例如竞争对手的产品或者前一代产品。

了解什么是可能的情境对比点很有帮助。这加强了集中收集价格信息的必要性。对可能的情境需求做出假设是必需的，因为信息可以通过很多方式来考察，可能有无数种方式。[1] 让我们来看一看另外一个非定价的例子：近期总统大选的结果可以受不同分析方法的影响，这取决于这些结果是从投票者、州、种族群体还是国家的层面来看。

从各州的层面来看，结果与人口统计资料（如教育程度、收入水平）之间的联系是清晰的，但是在其他层面来看这些关系可能并不清晰或是没有表现为合理的置

信水平。例如，一个近期的民主党候选人可能按照规则获得了富人年龄层（年龄在40到50之间）的选票，然而按照规则丢失了在一些富裕州（如康涅狄格州、加利福尼亚州等）的选票。那么，财富是选民倾向性的决定性因素吗？这取决于你的使用意图。

收集情境数据同时受到两个要求的影响：不能依赖偶然收集，规定的范围也不能过于狭窄。这是因为人们不能轻而易举地先验性指出哪些是必需的信息。正如阿瑟·柯南·道尔爵士所评价的，"人生是如此奇妙，它远非人类臆想可及"。与之相似，广告创意大师帕特里克·蒂德（Patrick Thiede）曾经评价道："如果照片存在，它就不会是一个好想法。"[2] 同样，建筑师丹·简森逊（Dan Jansenson）说过，必须进行实地考察，并且你一定要对在建筑工地的所见抱开放的态度。没有建筑物是在拓扑图纸上被设计出来的。

因此，在收集支持情境价格的数据时，我们的建议之一就是平衡。如果你接受任何传统的数据来源，你很可能会发现你没有可使用的数据。如果你限定的范围过于狭窄，你也许会发现你已经错过了正确看待市场的方式。与简森逊对建筑要求实地考察一样，在建立数据库之前同样应该了解市场上的可能定价机制。以开放的心态对待市场机制使得应付账款处理商 Tymetrics 发现，它的定价并不仅仅取决于应付账款的处理速度，也取决于其电子支付网络的规模和网络的发展速度。这又一次将定价所需的信息从内部、熟悉的信息转向外部、不熟悉的信息。

建立一个系统化的视角来看待竞争

直接应对公司对正确的市场数据的需求并不是建立定价数据库的常规做法，但它可以是。通用电气医疗护理公司（GE Patient Care）近期将其竞争信息与定价功能信息的收集相互整合。这是因为认识到了竞争信息是定价的关键基础。内部信息无论如何丰富，却永远不会充足。许多公司都承认竞争对手对它们的定价有影响，但几乎没有公司着手将这一已知要素整合入它们的定价工作之中。[3]

然而，如果能够找到正确的数据然后确保这些数据成为数据库中的一部分，其所带来的回报将是重大的。许多公司已经雇用了杰出的统计分析师来利用公司内部大量有价值的信息以探索是什么驱使顾客流失,以及是什么推动价格水平。结论是有限的。一般来说,这种努力得到的关系解释了25%—35%左右的结论。用统计术语来表示,R^2通常在0.25和0.35之间。换句话说,不是很完全。[4]

当调查以向管理者和消费者提问开始时,如果你询问他们哪些方面对价格和保持客户忠诚度非常重要的话,那么你所得到的候选驱动因素清单通常非常完整。当根据市场需求和专门收集的数据检验这一清单时,这种结果则通常可以解释80%乃至更多的结论。这种解释的程度(在一个案例中,$R^2=0.82$)几乎不再需要臆测并简化了价格管理。不仅如此,当被部署到现场以后,销售团队对于结果的信任度将会快速增长。

用财务术语来说,我们发现这种增加的精确度(解释了80%的价格结论,而不是35%的价格结论)将带来7%—12%的销售收入增长。例如,公司许多的打折行为是不必要的,而了解折扣的驱动力也许能够将折扣水平减半——这是一个重要的提高。这种收益通常证明在研究项目和系统中进行价值不菲的投资以收集和部署所需的定价数据是值得的。这样做也增加了源自顾客关系管理和定价引擎的回报。

假使你仍然忍不住怀疑情境定价所需的强有力信息一定隐藏在公司数据库的某个角落的话,可以做一个测试。假定明天你们公司中所有的经理和销售代表都被新的经理和销售代表替换,这些新任经理和销售代表可以从现存的数据库中得到他们所需的信息吗?可能不会。他们也许会从头开始,但他们唯独缺失的将是当今营销和销售团队对市场的洞悉。没有这些洞悉,你会发现公司的绩效将会下降。这就会告诉你,充分的情境信息并不在你们公司的数据库中。

小结

冷冰冰的内部统计数据将不足以反映情境。情境需要更多的表面看起来很集中的数据:理解消费者将会怎样评判和比较你的报价。因此,广泛的访问是必要的——既包括对你自己的客户也包括对竞争对手的客户。我们发现,焦点小组通常会对这一过程有帮助。在形成情境定价方案之初,最需要的是关于如何创建良好的市场细分的信息。

使这个过程常规化意味着要求销售人员在他们的销售信息系统中捕获更多的新数据，或者要求市场调查部门询问合适的问题。为了充分了解进化后的市场细分方法所带来的收益，销售管理者应该不断调整客户策略，以获取有利的销售情境和机遇所带来的价值。一个数字化设备制造商采用了一种方法，侦察潜在顾客的情境即将发生变化的信号，例如经营权和定价权变化。如果生产商发现了转变即将发生的迹象，它就会大量增加针对客户的资源——目标是未来的决策制定者。

将情境定价成功地制度化将会形成对顾客潮流认识的独特储备，因此不容易被竞争对手复制。与标准产业分类代码（SIC Codes）不同，情境理解能够被重新定义和不断完善。几年后，公司可能会用一个独特的、企业家的眼光看待市场的历史、转型和未来，而竞争对手则会在市场又一次出现变化时，带着又一个短命的看法不断地重新开始。

注释

1. 参见John Matson, "Strange but True: Infinities Come in Different Sizes," *Scientific American*, July 19, 2007, p. 1 ff。该文章表明，即使是有限的自然数序列，例如在0和1之间，中间也会夹有无限的小数。
2. 引自1990年"欧洲最佳"创新广告奖获得者的一份演讲。
3. 伽利略·伽利雷（Galileo Galilei）在寻求扩大其天文发现接受度的不懈努力中，发现他的同时代人对其提出的事实根本不加考虑就断然拒绝。他在一封信中写道："尽管我反复地努力和邀请，他们就像吸食过量的瘾君子一样，固执地拒绝通过我的（望远镜）镜片来观看行星或者月亮。"
4. 需要明确的是：构成25%—35%解释的因素是不存在任何质疑的——通常置信水平高于80%。然而这就像获得了一本烹饪书却发现上面只列出了35%的配料一样。尽管这些列出的配料可能不存在什么问题，但仍需要很多的猜测。

第十六章　可行的系统架构

> 乍看上去，我们似乎已经达到了计算机技术的极限。我们不能对所说的这类话太过自信，在未来五年里，可能会听起来十分愚蠢。
>
> ——冯·诺依曼

过去十年里，策略性定价法已经成为许多公司优先考虑的定价方法。在此期间，为确保定价策略的可持续性所需的保底收益，各公司将许多重大投资放在保障流程和系统架构上来。这一做法已经成为商业运营的重要部分。

业绩较好的公司采取了复杂的定价方案，不仅作为实现意义重大的可量化最低效益的一种方法，同时也作为公司竞争优势的来源之一。由于不再使用 Excel 电子表格、临时性商业情报报告和电子邮件作为沟通定价方针和批准定价行为的主要方法，这些公司的运营收益最低增加了 1%，最高增加了 3% 以上。此外，定价方案还使得公司可以更快速地适应变化的市场条件和应对竞争威胁。如果不能采用适当的支持技术来实现定价策略制度化的话，公司将发现纯粹定价策略的半衰期将比需要的更短。

在销售和定价过程中获取、解释并应用情境信息与技术，是实现高效定价能力的下一步发展。为实现这种定价，以下有两种系统架构的要素是我们首先需要考虑的：

1. 收集情境，通过整合销售、定价的流程与应用环节。
2. 应用情境，通过灵活调整定价策略和运算程序，从而制定和协商价格。

销售与定价的全面整合为销售团队提供了可以用来收集情境信息的机制，同时确保在制定和协商价格时情境信息得到考虑。然而，鉴于情境的差异性很大，建立一个能够灵活应用情境信息的系统对于应对差异、把握市场动向和竞争环境十分重要。

定价方案的要求

虽然定价方案的内容宽泛、形式各异，但几乎所有定价方案通常都包括三种核心能力：

1. 定价分析，发据并探索交易数据以了解具有定价和赢利能力提升机会的领域。
2. 价格设定，应用定价策略与运算法则，决定并优化价目表价格与最终售价。
3. 价格管理与执行，是与传递目标价格和适用折扣相关的定价管理，从而令销售资源可以创建报价与合同，并且将定价转交给订单执行系统。

如果与可靠的战略、管理和数据等基础设施相结合，这些定价方案就可以形成一种"闭合式定价"能力，从而支持定价策略能够传递的价值。"闭合式定价"吸取了在执行交易定价过程中收集的深刻见解，以改善和调整不断发展的定价策略，因此可以确保企业根据不断变化的市场环境进行调整来实现利益最大化。

实施产业优势系统，例如 PROS 或者 Vendavo，是确保你们公司拥有这些关键的定价能力来支持定价活动的一种很好方法。虽然采购、整合与运作这些系统的资源也很重要，但是定价能力带来的收益将是实质性的。我们发现，大型公司的成本因素在销售中的比例可能只占 0.01%—0.05%，然而价格分析本身在 30 天之内就可以产生超过百万的回报。也就是说，对你们公司来说什么是最好的技术，答案将随着你所在的产业、商业目标和定价难题而变化。

定价决策的维度

公司一般使用最佳的定价方案以帮助评估与管理三种主要的定价维度——顾客、产品和市场。这些维度被用来决定正确的定价决策。一些独特的属性，例如顾客规模或是公司定价重要性等，决定了价格、折扣原则和其他一些针对价格的调整。

今天，优秀的定价方案已经成为帮助公司执行更为有效的定价策略的实用工具。通过在企业定价中运用这三种定价维度，定价策略很大程度上影响着公司的赢利能力。然而，如果企业没有运用定价决策的第四种维度"情境"的话，定价方案带来的好处将是稍纵即逝的，而定价技术本身也将被淘汰。情境明确了购买情况，提供了微观销售市场的全景。应用情境是公司调整价值主张以增加消费者购买可能性的最终关键一步。

通过技术将情境纳入定价决策中

通过技术在定价决策中运用情境，使得定价过程与支撑系统得到五点提升。每一点都针对于更多的相关信息、更好的决策、管理控制和运营调整的需求。

1. 改变定价流程
2. 确保根据情境制定价格
3. 通过统一销售与定价来完善交易结构
4. 促进特定情境下的定价认可度
5. 使情境定价与公司运营保持一致

1. 改变定价流程

定价流程是任何定价系统的基础，是所有收益与成本要素的代表。这些要素决定了一笔交易的净价格、落袋价格以及盈利水平。定价流程不仅左右了定价方案的分析方法设计，也决定了运算程序，以确定具体的交易如何定价，净价与落袋价格的贡献率该如何建模。这一部分影响着定价方案中的三个核心领域。然而，今天大多数公司的定价流程不能说明情境这一关键的维度；因此，公司需要对定价流程做出两点提升。

第一点提升，需要从基于价目表价格转向基于具体情境的开放式价格。经典的定价流程是价格分析与管理的基础，它把价目表价格作为定价与确定收益率的最高基准，并且影响逐渐扩展至落袋价格和落袋利润。但是，如前所述，价目表价格与情境并没有关系。因此，一个公司的定价流程应反映出情境对于设定初始价格的影响。从本质上说，这为价格的形成打下了基础，这种价格将成为具体交易谈判的起点。

举例来说，在银行业中，贷款的基准利率完全独立于更大型的市场指数。根据情境调整之后，利率的应用还要基于贷款类型的固有风险（例如抵押贷款、购车贷款和现金贷款）、客户风险评估（例如信用评分）以及商业关系等。最终的结果就是根据具体情境设定的利率。

第二点提升。这里着重考虑的是决定具体交易情境的因素。因为在设计和实施定价方案时，没有一家公司可以预见到所有可能的情境驱动因素，只能依靠在定价流程中纳入一些"收纳筐"，借此捕获一些额外的定价驱动因素。通过定价分析，公司应该监控增加到"收纳筐"中的额外定价驱动因素，从而确定哪些驱动因素的影响正在显现并且需要独立监控。例如，一家航空电子设备加工商在其流程的"收纳筐"中增加了诸如数量折扣之类的标准折扣，但也为"其他折扣"预留了位置。对此，销售部门被要求给出具体的折扣理由。过了一段时间之后，一种新出现的趋势表明，在重大的行业交易会或展览会中竞争对手的短期价格促销与更大的"折扣战"之间存在着相关性。这种"收纳筐"帮助该公司确认交易会的会期临近是一种额外的情境，从而设定价格和驱动销售。

> 创造"收纳筐"帮助公司捕获重要的情境数据。

2. 确保根据情境制定价格

情境与之前的价值定价方法之间的区别之一，就在于定价过程中信息收集与应用的范畴不同。当我们定价时，需要一种可以容纳情境来确定价格的系统化的架构和设计。要形成这种能力，描述性分析与预测性分析都很关键，它们可以使我们了解到哪些因素已经和将要影响消费者的购买行为。具备了这一认识，公司就可以灵活地设计定价方案，以根据情境应用各种定价策略和运算法则，这样将使价格被设定在一个合适的水平上以保证价值最大化，同时保持或推动公司的盈利水平。

定价系统的架构应该包括分析能力，以确定消费者的价格敏感度，以及当价格不在平均水平而是根据购买的具体情境条件设定时消费者的购买意愿。根据定价方案中定价算法的一系列要素，对定价权利和定价风险进行分配，就可以做到这一点。此外，运用定价方案中的分析法和业务历史，结合优化能力来检验哪些是左右定价与盈利率的因素，定价高手们即拥有了为针对价格变化的反应建模所需的信息。例如，一家宠物用品公司用数据统计分析来决定，哪种定价杠杆对于得出成功的降价结论影响最大。

虽然，通过分析历史来了解形成不同价格敏感度和支付意愿的情境定价驱动力是非常有价值的做法，但是更有价值的是预测未来一个月乃至一年的情境的变化，并建立一个稳定的"条件—结果"假设分析模型来分析它是如何影响商业效益的。预测分析是由复杂统计、预测和模拟能力实现的，可以在描述性定价分析之后的下一个层次进行，或者结合（来源于供应链条和研发等部门的）其他职能数据，以制订具体情境价格。

在一家国际性的航空航天和高科技产品生产公司里，预测分析被用于模拟关键要素的可能性变化，例如原材料价格、消费者需求波动和制造缺陷率等。这些分析以附加的风险缓释工具或合理的应急费用等形式被应用于未来的投标和项目中。

通常，不同的情境解释了一项交易所处的微观市场情况，要求使用不同的定价策略——甚至是对相同的产品和服务。例如，在石油天然气产业中，定价可以与多个市场指数相联系，例如普氏全球石化指数（Platts Global Petrochemical Index）或石油价格信息服务（Oil Price Information Service, OPIS）。这两者的不同点在于：前者与石油提炼有关，往往更适用于成本加成法；而后者则基于销售终端的价格，所以更多的是以市场或价值为基础。对于一家石油天然气公司而言，根据市场的风险水平和其所预测的有利的（或不利的）价格波动，应用不同的指数来定价将会使利润水平大为改观。

美国希捷公司（Seagate）是一家数据存储商品的生产商，通常采用溢价定价法。然而，在竞争尤其激烈的"学生返校季"，该公司则使用竞争导向定价法来获取市场份额。

需要强调的是，虽然根据情境变动价格的理念是直观的——每个人都知道下雨天时在街头买雨伞要花更多的钱，但大企业面对的挑战是在更大的规模上准确地执行这种理念，这可能会涉及价值数十亿美元的几千次交易。在上述两个例子中，基于交易预期的情境，依据不同的定价策略灵活地运用定价系统来制定价格，可以成为一种强有力的竞争武器。

不但定价策略应该根据情境发生变化，而且定价方案所执行的实际定价逻辑也应考虑到情境中所有的关键驱动因素。用简化的形式来表示的话，定价系统导出与确立价格的方式，可以比作一个 Excel 公式。对于一个简单的成本加成定价策略，它的定价算法可以表述成如下公式：

消费者细分市场 =A

产品系列 =B

市场 =M

价格 f (x) = 成本 + 利润

但当我们考虑到定价中情境的影响时，公司不但需要分析定价的微观市场情境或者微观细分市场情境，也要考虑定价运算中的其他变量，如：

消费者细分市场 =A

产品系列 =B

市场 =M

产品生命周期 =L

季度 =S

竞争环境 =E

需求 =W

……

价格 f (x)= 成本 + 基础利润 + 针对 L 所做的调整 + 针对 S 所做的调整 + 针对 E 所做的调整 + 针对 W 所做的调整……

在肉类包装行业中，如果想要优化价格与盈利，需要考虑一系列因素，例如尺寸、肉间纹理、证书、商品市场指数、当期供给、出肉量、季节考虑、加工数量以及其他消费者要求。为能够支持定价系统架构中的这些能力，公司必须有一个基础数据库，提供公式中的每种情境要素数据。正如我们在前一章所探讨的，这些关键的情境数据中有许多并不在公司的数据库或者系统中，因此我们需要获取这些数据以运用于定价逻辑之中。

公司必须有一个基础数据库，提供公式中的每种情境要素数据。

综合描述性与预测性分析、价格制定能力和对情境驱动定价方式的全面认识，以及赢利能力差别，可以产生强有力的商业结果，这一事实已经被一家全球性的酒精饮料生产商所证实。它的整体系统架构提供了"条件—结果"的假设分析方式、从销售到定价的自下而上的设计规划，以及对模拟商业结论的执行整合。这种系统架构优化了价格并精确地预测了未来走势，从而提高了赢利能力；与此同时，执行系统架构也使得公司运营更加高效，并降低了生产总成本。

3. 通过销售与定价的总体整合来完善交易结构

定价方案的价格制定职能，是将情境融入定价过程的第一步。一家公司还必须收集额外的情境信息并对其进行解释，将这些情境信息应用到具体的交易之中以形成最优报价，并对消费者提出有吸引力的价值主张。特别是在报价或者签约过程必须经过谈判才能形成实际销售执行的商业模式下，情境信息尤为重要。更高级的销售与定价过程如图16-1所示：

这一过程开始于顾客关系管理与机会管理，进而生成线索并对其量化，执行定价循环来模拟交易。很多有关顾客、客户价值驱动、顾客购买偏好以及竞争环境的情境信息，都通过第一线的销售人员被收集在一起。通常，这些情境只作为经验知识而存在，并没有被收入公司的系统或数据库中。因此，公司应通过CRM工具将可靠的客户关系与销售管理过程嵌入其系统构架之中，以确保情境信息得到捕捉、传递并且应用到其他的业务过程之中。更具体地说，客户管理模块捕捉的客户结构化数据、销售线索可以与机会跟踪相结合。这些数据还可以更进一步地融入定价引擎之中，传递关于消费者与购买情况的所有情境信息，从而系统地确定正确的定价结构。例如，一家国际性的服务公司吸纳了关于客户运营、项目启动投资和可利用资源的所有信息，结合特定的技术来告知客户，它针对为每位客户提供的服务制定怎样的价格结构。

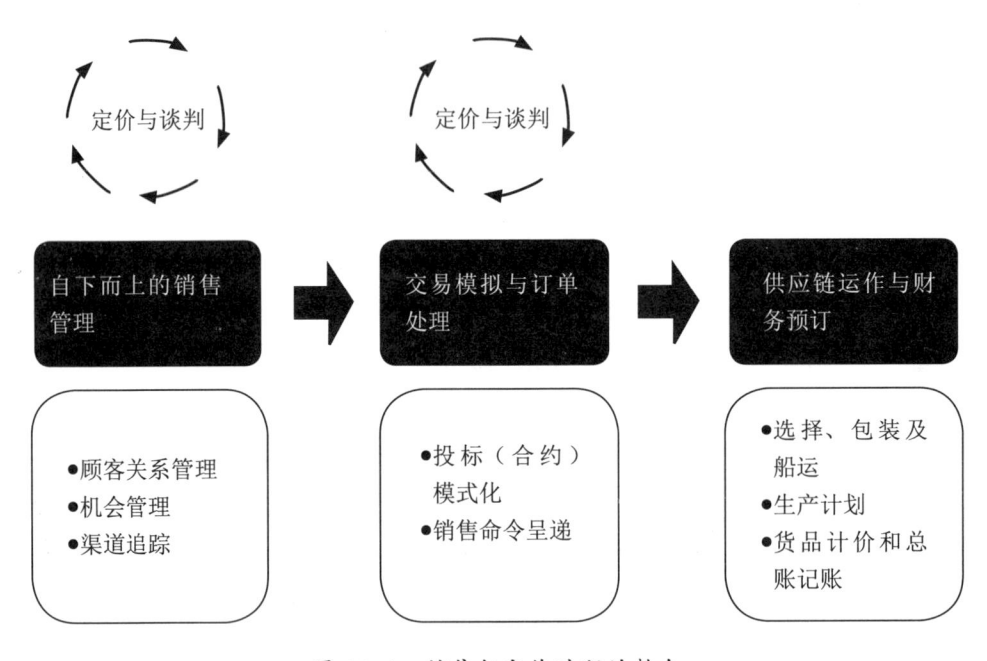

```
         定价与谈判              定价与谈判

    ┌──────────┐         ┌──────────┐         ┌──────────┐
    │自下而上的│   ───▶  │交易模拟与│   ───▶  │供应链运作│
    │销售管理  │         │订单处理  │         │与财务预订│
    └──────────┘         └──────────┘         └──────────┘
    ┌──────────┐         ┌──────────┐         ┌──────────┐
    │●顾客关系 │         │●投标（合│         │●选择、包 │
    │ 管理     │         │ 约）模式 │         │ 装及船运 │
    │●机会管理 │         │ 化       │         │●生产计划 │
    │●渠道追踪 │         │●销售命令 │         │●货品计价 │
    │          │         │ 呈递     │         │ 和总账记账│
    └──────────┘         └──────────┘         └──────────┘
```

图 16-1　销售与定价过程的整合

公司通过上游的机会管理过程来商讨交易的条件，这是构建一个完整定价结构所必须考虑的额外情境之一。为公司系统收集这类数据是一项艰巨的任务，因为此类数据一般是有形信息与无形信息兼而有之：支付条款、运输条款、履行承诺、运送时间、争端解决、设计服务、工程保障、客户—供应商关系的长度和深度、保修、成本调整以及间接费用。另外，其中许多数据是松散的，只能储存在文档中而非数据库中，这更增加了收集、整理和分析数据的难度。收集交易条件的第一步就是使对方的条件尽可能地标准化，以便将它们收入数据库，为交易中的定价和分析提供完整的情境信息。第二点好处是，它有助于向客户组合或者细分市场传递服务策略信息，这一点也非常重要。如果结合定价策略，它们将进一步增加利润总额。

公司的定价架构中结合进情境信息，也为定价谈判提供了非常有价值的工具——信息与信心的增强。通常，每当我们面对"你们的价格太高了"或"你的竞争者会对此收取更低的费用"之类的采购战术时，销售团队倾向于做出价格让步，因为他们缺乏正面面对这些说辞的自信。但如果掌握了情境信息，销售团队就能知道自己可以实现的（表现出的）定价权，并有信心应对购买者的说辞。

在系统架构中整合销售与定价职能同样也促进了用户接受销售人员。对于客户关系、销售线索与机会追踪应用上游销售管理，通常成为销售人员接触和观察数据的门户。通过这个门户对关系管理、机会追踪和定价提供一站式服务，并且运用移动技术以便捷的方式传递这些服务，公司可以极大地提高获取更高质量情境数据的可能性。最后，在部门间自动分享数据，可以减少销售团队花费的时间，同时也确保了驱动定价与运营决策的情境数据是一致的。

4. 促进特定情境下的定价认可度

定价的决定与执行通常需要花费很长一段时间，之后最终的销售合同才能成文，或者订单才能得到处理和执行。在洽谈一项 B2B 交易时，最初的报价至关重要，但是随后也通常会对定价进行改进。关键问题在于：在销售过程中的哪一时点，组织会有充足的情境来决定价格？答案是：基本上所有点都可以，但置信水平是不同的。

销售过程中，通常有充足的情境信息做出更好的定价，但是这些信息的置信水平也许参差不齐。

随着销售过程的向前推进，更多的情境信息被搜集起来，这将进一步表明什么是正确的定价方案以及什么是满足购买情况所需的正确价格水平——让置信度上升到可以相信价格是正确的。定价系统架构的设计与执行必须与定价方案或引擎、上游销售管理应用紧密结合，以确保情境信息得到了收集与传递，这样才能在定价决策与价格谈判时得到运用。

有了上游销售过程中收集的情境信息，一家公司就可以及时监测和纠正错误的定价与谈判做法。这是定价分析的第三种类型，它应该被纳入一个公司的整体系统架构之中，以确保定价引导与政策在销售过程中得到施行。因为机遇与交易是不断发展的，审计与纠正可保证公司不会因为不利的定价结构而受到一项交易或合同的困扰。例如，近几年中，一家印刷公司为了获得州教育委员会的合同而进行投标。受到成为唯一印刷服务商的思想诱导，该公司对提交的价目表给出了大量折扣，因为它坚信销售量的增加将弥补打折带来的损失。这家公司赢得了合同，但是它的定价中并没有包括额外的运送费用，结果当它将货物送到没有装卸口的学校时，经常被要求进行人力运输。如果该公司在这一关键问题上采取更加全面的机会管理，它就不会犯下一个代价如此昂贵的错误。

5. 使情境定价与公司运营保持一致

销售与定价部门所制定的交易结构，与财务、供应链及研发部门的运营和执行能力之间的过程及系统联系，是一个很关键但又经常被忽视的问题。简单地说，如果一种定价架构不能支持公司获得根据具体情境设定价格与执行定价的能力，那么这种定价架构就没有任何价值，对如此复杂以至于组织无法有效使用的定价构架进行投资亦是毫无价值的，并且会带来相当大的危害。

正如前面提到的，一项交易的定价结构中包含有形与无形的组成部分，而当含有这些成分时，公司应当确保它可以兑现承诺。另外，为了能够分析交易的生命周期的全貌，系统架构的设计与执行必须确保所有相关数据都得到捕获。最后，在新产品与服务的研发过程中，情境信息也有重要价值。

一个精心设计的定价架构能够提供市场反馈的关键信息，也能表明市场是否有意愿向上游付费以确保所售商品或服务的特性或成本得到不断的改善。在所有这些情况下，为了特定情境下定价策略效果的信息能够从销售和定价系统传递给企业资源计划（ERP）系统，并且保证此类信息可以被提取出来以实现定价和赢利能力的持续改进，下游过程与系统的整合非常关键。

确保 ERP 系统中的定价程序与定价流程相一致——并因此与报价（合同）模拟算法和定价分析数据结构相一致——保证了公司执行定价策略的连贯性。因此，如果定价流程被改变而增加了情境项目，那么订单处理和 ERP 职能的履行也必须反映这些情境定价的要素。通过在实施定价与 ERP 过程中遵循这种领先的实践方法，一家国际性的玻璃制造商在设计与推行系统架构方面节省了数百工时。

此外，供给链运营必须要与这些过程在 ERP 系统中的实施保持一致——你必须能够兑现包含在你的定价结构中的服务水平。例如，如果一家公司因承诺会在一定的时间内履行订单所以要对一件产品征收溢价的话，那么这家公司必须使顾客得到优先权，并确保该顾客或订单得到迅速的服务。一家全球性工业设备生产商可以在24小时或更少的时间内发出更换零件，并以此制定了相应的价格。它了解客户对于正常运行时间（生产效率）的价值驱动，并且在定价和价格的执行过程中考虑到了情境因素。反之亦然。一家行业领先的科技设备生产商能够将定价工具与供应链工具直接联系在一起，这样定价团队就能够就当前与近期的库存情况获得近似实时的信息。这使得他们能够动态地调整价格，向一线销售代表给出增加或减少销售的建议，从而确保最优的供需平衡。

情境定价下的端到端系统架构

执行情境定价系统架构的最高形式，就是销售、定价过程与技术的全面整合——从上游机会管理与谈判管理到定价，再进一步到订单的执行与会计核算。图16-2说明了这样一种整合的架构：

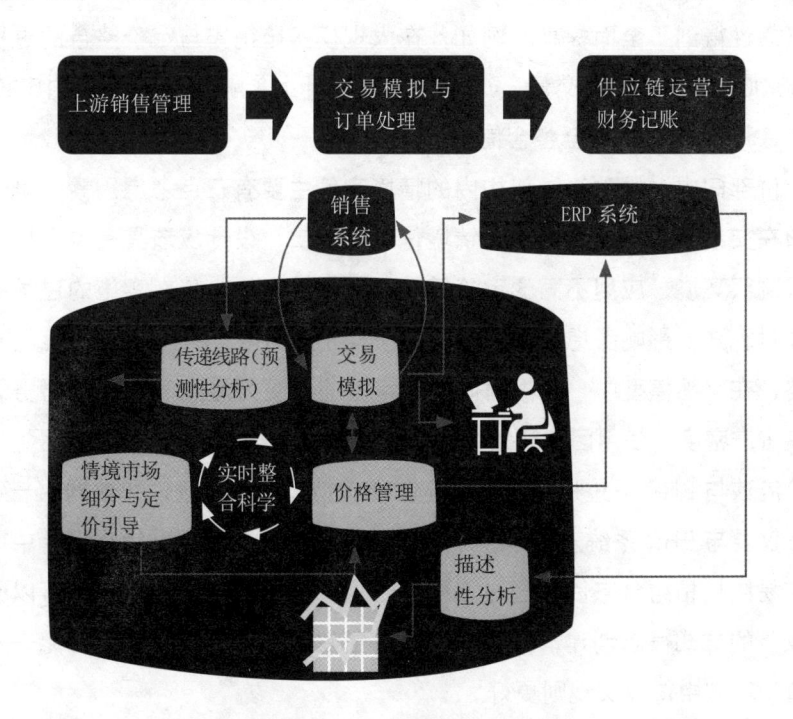

图16-2 端到端的系统架构

如果我们根据数据流向来经历架构的各个步骤的话，我们可以从销售管理开始（如 CRM 或 SalesForcer.com），它起到了支柱性的作用：编辑与整合经验知识以及其他情境细节并将它们提供给定价职能部门。如果你们公司不具备一个活跃的销售管理系统，那么把这一功能中的某些方面纳入定价系统之中就可以成为你要做的第一步。这是与销售团队互动的重要一点，因此架构的移动更新能力十分重要，以确保关键客户群能够方便地使用与采用。此外，这些传递线路上的信息反馈对前瞻性地推动最好的交易与定价结构的实现至关重要。最终，推行一个审批流程与工作流程，将会优化谈判效率，保证对系统中客户的反馈周期最优化，从而确保获得正确的交易情境信息来制定明智的、赢利性的商业决策。

定价程序的使用应紧紧与销售管理联系在一起。从架构的角度来说，应该使用实时或高频的批量对接以在部门间实现数据同步。当关键的客户、产品、市场和情境信息被获取之后，这些信息应该被传递给定价部门，从而避免在数据使用与数据保存方面的多余工作。这样就减轻了销售部门的压力，提高了他们采用情境的可能性。除此之外，通过双向整合与双向同步，数据质量与连贯性得到了保证，这使得数据的可靠性得到了全面提高。例如，在大规模实施销售与定价整合的过程中，基于每年 60,000 次交易的成交量，这一架构在设计上能够支持每天大约 50,000 条数据整合信息和 30,000 条安全整合信息。

在定价部门内，推动系统架构内的情境定价主要有三点考虑因素。第一，流程设计应该在交易模拟的逻辑中纳入情境信息。第二，设计应该具有灵活性，以便基于情境或购买环境，应用不同的定价策略。每一种定价策略在实施的过程中也应将情境因素对算法的影响考虑进来，以设定不同于价目表的针对特定情境的开放性价格。最终，在交易模型中，根据时间阶段定价将会更好地反映交易的财务影响，尤其是在高资产密度、使用回扣或绩效激励方案等商业模式的存续期间。

定价应该与 ERP 系统相结合，这样就能保持过程的高效性和数据的一致性。定价引擎不仅要与 ERP 系统对接以将审核过的价格传递并应用到销售订单中，它还要与全部交易结构相结合来传递经过审核的合同和报价。这样做，订单可以通过"一揽子协议"的方式得以创建，并使对交易完整生命周期的分析成为可能——如果能使得价值从计划中得以实现则更好。

> 执行情境定价系统架构的关键就是销售过程、定价过程与技术的全面整合——从上游机会管理和谈判管理到定价再到订单执行与财务会计。

最后，通过可靠的分析引擎提供描述性（历史的）与预测性的认识，闭合的定价系统最终形成。通过把情境因素与交易相联系，公司可以更好地分析形成更高价格的因素有哪些。先进的分析与统计数据解释相结合，可以用来预测不同情境对于价格或交易量的影响。

小结

销售与定价的全面整合为销售团队提供了收集情境信息的机制，并确保了这些信息将被使用在定价和议价的过程中。要做到这些，需要：

1. 收集情境，通过销售与定价过程和应用的整合。
2. 应用情境，通过灵活调整定价策略和运算程序，从而制定和协商价格。

鉴于情境的复杂多样，建立能够灵活应用情境信息的系统，对于紧跟多变的市场动向和竞争环境是十分重要的。

第十七章　创意定价

> 避免鲁莽的外交政策。专注于稳步发展。
> ——德怀特·戴维·艾森豪威尔总统，
> 《告别演说（1961年）》

本书在开始时提出观点，认为竞争已使情境成为影响定价的最关键因素。后续的章节介绍了不同的竞争者是如何通过更明智和富有创造性的情境定价而获得优势的。

从今天开始，你该如何利用本书中的深刻见解为你们公司服务呢？考虑到本书中描述的定价经验的多样性，你可能会产生这样的疑问：如何将重要的知识转化为持久的理解？

这个问题的答案是实践。通过实践去理解消费者的思考方式。通过实践去试用新的结构和战略。通过实践施行新的定价想法。实践是运动员建立自己技能的途径；他们尝试新的技术并改善它们，直到能熟练掌握。这也是音乐家们创作歌曲的方式。

拿音乐做个类比：听不同版本的披头士乐队的老歌，你可能对他们的歌曲发生了如此大的改进而备感惊讶。例如，乔治·哈里森以一个版本的"绿袖子"

（Greensleeves）（不激进，这首歌大约是在1580年创作的）出道，而以一首有着15个版本的杰作"弦音也啜泣"（While My Guitar Gently Weeps）作为结束。同样，"浮生一日"（A Day in the Life）从不同音调的两首风格迥然的歌曲，由乔治·马丁发展成为标准统一的伟大杰作。

如同市场营销尝试新的广告推广方式、销售团队尝试新的销售策略一样，定价也必须积极地尝试和检验新的定价途径。这不仅仅是检验新的价格水平，它也应该延伸至新的商品捆绑、价格结构和策略。

有些不公平的是，定价已经被冠以了神秘的名声，被当作一种学术原则。其实不是这样的。如果你明白你的顾客是怎样想的，你就能识别影响价格的最主要情境因素。你在这方面获得的实践和反馈越多，你的定价策略也会变得越简单。熟能生巧就是这个道理。聪明的准备能减少实践过程的痛苦。就这一点而言，定价就像是体育锻炼、社交、沟通或者生活的其他任何部分。

另外一种类比是华尔街和它的定价，在那里情境为王。在金融市场里很少有玩家能长期给股票或者债务定价。金融市场的参与者最多制定一个初始价格，或者决定特殊交易的价格。许多交易价格是由供求决定的，而供求则是由情境中的事件和重大变化驱动的，例如经济状况。

人们怎样在这样的环境中取得成功呢？一位华尔街观察家公正地写道："这个世界是混乱、复杂和偶然的……我们的大脑并没有对其进行评估的能力。我们欺骗我们自己，认为专家们可以预见下一个'大事'。（在华尔街）业绩好的人是那些知道许多小事（生意秘诀）……并且能将（结果）视为需要将不同的信息源缝合到一起的灵活'决定'的人。"[1]

关于定价策略，我们推荐你采用与上述说法相似的做法。学习"生意秘诀"以及规则，着重稳定发展，特别是注重创造力和灵活性，这样你将会成为一名优秀的定价者。我们发现价格频繁变动（水平和结构）的产业更擅长定价。航空公司处理价格变动、多样的价格水平、商品捆绑和附加产品的能力，会令其他行业无比震惊。

顺便提一下，之前你可能已经发现，我们并没有按照常规给你提供定价的定义。相反，我们将定义放在这里，作为全书关于定价观点的整合。

定价的定义

定价最好被定义为一种"结果"。定价是四种情境因素作用的结果：

- 情形
- 目标
- 感知
- 能力

在我们对定价给出更长的定义前，你要知道情形、目标、感知和能力并不仅仅由你们公司的行动来决定。相反，就像在华尔街一样，定价者必须要接受存在许多他们无法控制的因素的这样一个事实。一个主要的结果是除非你有很强的市场支配力，否则你就无法与价格结构中的消费者偏好相抗衡。一个百老汇演出的标题非常好地解释了这点："你手臂太短，无法跟上帝打拳击。"

抗衡是不好的，影响却是好的。为了指出影响的因素有哪些，这里提出了关于价格的四个部分的详细说明。

情形

这是事实基础，它包含的比对点可以供消费者决定他们是否愿意购买和他们想以怎样的价格来购买。情形包含你的产品的性质、竞争的数量和有效性以及消费者的经济情况。虽然你们公司能够改变一些情境因素，却没办法完全掌控它们。

目标

目标是买家想购买什么和以何种方式购买。在本书中强调的一个关键问题是，目标会随着时间的流逝而发生变化，因为潜在买家将更加了解自己的需求和拥有的选择。目标也会随情境变化。购买和价格的客观条件通常与更广泛的公司目标相关——购买标准很少会单独存在。

由于买家的目标各异，所以市场细分和情境定价的需求也各不相同。只有在买家们确实有机会表达他们的差异时，这种目标的多元化才会表现出来。如果所有的销售者在同样的价格结构下提供同样的产品，那么这种差异性目标就没有发展的空间，也不能在市场交易中实现。结果是价格将在同一个水平集中。如果在你们公司进行销售的市场上所有竞争者都提供同样的价格结构，那么就要利用这种情形并提供给买家他们想要而缺失的价格结构。

感知

感知过程包含着过滤装置，可以提取买家头脑深处角落里的重要认识。你的买家的感知很可能是受相似商品的累积购买经验影响的。因此，感知很可能是深植于许多你不容易影响的东西中（例如，在选择是否购买时，较之产品的质量更关注便利性。）如果有品牌推广计划，那么形成一些影响是可能的，但正如我们之前在本书中谈到的，真正改变一种存在已久的感觉非常困难——并且不管怎么说，真正"拥有品牌"的是消费者而不是卖家。[2]

能力

能力是管理者形成有效定价的能力——进行必要的思考和执行必要的策略。预算约束对于能力有一定影响，这也是创造力之所以很重要的原因。机械设计和处理需要资源，并可能被竞争对手用相同的资源、同样的机械设计和处理予以还击。只有拥有创造力，你才能用相对较少的资源拥有更强的竞争力。

创造力的重要性

拥有创造力，你们公司就能拥有超越合理预期的影响力。这需要动用所有的"生意秘诀"。以下的一些例子指出了创意定价是如何克服阻碍定价的常见困难的。

信息技术的局限

对于可以支持新定价计划的信息技术的需要，可能导致你们公司无法实施所需的定价活动（例如，将计费方式从以固定价格销售变为按使用次数收费），定价被长期耽搁下去。这里有一种解决方式的案例：

对一家位于亚利桑那州凤凰城的大型计费系统软件开发商来说，其计费系统产品发生的每一个重大变化都会由六个职能部门详细地审查和评估，而这些职能部门也会受到变化的影响。这种审查和评估需要花费一个月的时间或好几百个工时。通常这一过程需要全部或者部分重做，因为一个职能部门发现了一些障碍，那么它的解决方法就需要其他部门重新进行评估。应对方式是让六个最优秀、最博学的高级职员来对项目及其成本做一次高水平的评估。这种方法非常快捷（一两次会议），并解决了大部分的问题——与经过详细分析得出的解决方案相比，这些方法通常更有创造性。由此我们可以学到：要避免雇用大批的程序员，除非你已经解决了潜在的障碍。

销售团队问题

在接受改变方面，销售团队可能非常保守。这也是试验也应该是全部策划一部分的原因：试验结果是销售人员乐于接受的证据。为了获得最好的试验结果，你需要找到新定价的支持者。要知道你的销售团队中的一些成员可能最有能力辨认相关情境。通常我们会发现一些销售代表能够以高于价目表的价格销售产品。这些销售代表掌握了情境定价。由此我们可以学到：如果让销售人员（或者其他人）信服是至关重要的，那么就找出他们会接受的证据。

法律问题

公司的法务人员干预定价的程度因公司而异。有时候一个公司因为正当的理由会非常保守。例如，一个法务部门的认可意见书给公司造成的负担可能比其他原因都多。然而，通常它是一种函数，衡量在可感知的法律风险与机遇的平衡式中法务人员的商业导向程度。如果可能的话，引导法律顾问更积极地寻找被允许的影响定价的方式。

如前所述，总体来说，知识产权在定价和商业活动中正变得越来越重要。因此，让专业的专利和商标顾问尽快地参与进来，这一点很重要。不擅长这一领域的法律顾问会认识到他专业知识的欠缺，并可能耽搁专利和商标的申请过程，尽管他们试图加速其进程。由此我们可以得出结论：针对专利或行业秘密，要尽量设定一个紧迫的申请日期，以减少在找到专业顾问前一个普通顾问可能耽搁的时间。

市场营销问题

虽然市场营销可以成为定价的基地，但这一部门更多地致力于产品开发和品牌推广。定价被视为孤儿乃至异族的入侵者。两则试验表明了人们对于认真的定价工作所显示出的敌意：

➢ 过分依赖意见调查作为定价的基础。

> 不愿意用评判来补充有限的定价数据,并且当拥有数据的时候,用不充足作为借口对其展开攻击(这显示出处理定价数据时的不成熟)。

由此我们可以得出结论:这些问题的解决方法是建立一系列的定价工具并坚持使用它们。这样将强迫数据的使用,并且一旦使用了,反对者会发现结果其实并不坏。[3]

这些解决方法会被使用于你们公司吗?有可能。然而,知道这里有对付拦路虎的创造性解决方案,无疑会帮助你克服这些限制。[4]

我们最终以音乐做类比作为本书的结束:回想一下披头士乐队是怎样从旧式乐器中获得新声音的。"浮生一日"的最后一段音调来自用小锤敲击钢琴架(一个铸铁盘)发出的声音;在"永远的草莓地"(Strawberry Fields)中,闹钟声扮演了重要角色,并且四声道(四声道录音机之后成为了标准设备)被毫不留情地配到录音带上,以给他们的专辑创造出那种让人眼花缭乱的影响力。

定价能够从创造性地使用现存的定价工具中受益。例如,虽然"优惠券"已经成为消费者营销中的标准做法,但它只是在最近才被用于 B2B 营销中。然而众多的 B2B 公司发现,对于许多 B2B 应用来说,优惠券是一种理想的工具。它可能不需要任何系统性工作(如果以一种回函返款的形式),它能够非常精确地定位(对特定公司中的特定个人或职位),它对于竞争者来说通常是不可见的,并且我们发现它在绕过一些看门人的过程中很有用处。

正如消费者定价工具(优惠券)可以在一个新的背景之下实现一个有用的目的一样,我们经常看到成熟的定价策略的新应用方法。有了对于情境、时机和客户决策过程的深刻认识,定价创新可以是低风险、高回报的。

注释

1. 参见 "Financial Flimflam," Michael Shermer, *Scientific American*, March 2011, p.77。
2. 还可参见 *Winning the Profit Game:Smarter Pricing and Smarter Branding* 一书的第三章。
3. 有一则荷兰的谚语,简单翻译为:"农民不知道的食物,他就不愿意品尝。"这适用于很多经理人,而我们的目的之一就是让他们领略一下有效的定价工具的作用。
4. 爱德华·特勒(Edward Teller),氢弹的共同发明人,曾经被问及开发首枚核武器的最大障碍是什么。他的回复是,"最大的障碍是不知道它是可能的"。斯坦福大学,1978年。

作者简介

罗布·多克特斯（Rob Docters）是 Abbey Road 有限责任公司的合伙人。Abbey Road 是一家专门研究定价策略的咨询公司。他曾帮助三百多名软件、通信、日用消费品、信息服务、金融服务、运输和娱乐行业的客户提高收入，保卫、捕捉新的市场。

在进入 Abbey Road 公司以前，他曾经在信息服务的龙头企业 LexisNexis 公司担任负责公司战略、业务拓展与定价的高级副总裁。在 LexisNexis 工作期间，他所在的管理团队曾经被《华尔街日报》誉为 LexisNexis 公司形势好转的关键。

在进入 LexisNexis 公司以前，罗布在安永公司（Ernst & Young）担任高级副总裁，曾经协助领导多伦多的战略与营销业务。此前，他还曾是纽约的 Booz, Allen & Hamilton 公司的负责人。他的客户遍布北美、欧洲和澳大利亚。

罗布是麦格劳—希尔公司出版的《在利润游戏中获胜：更精明的定价与更精明的品牌推广》一书的第一作者。他还曾经在哥伦比亚大学商学院、通用的韦尔奇管理培训中心、皇家管理学院以及其他学校任教。

罗布获得了斯坦福大学经济学学士学位、威廉·玛丽学院的法学博士学位、哥伦比亚大学的工商管理硕士学位。他是纽约律师协会的会员。

他在新价格结构方面拥有几项专利，并且经常在《商业策略杂志》和其他刊物上发表文章。读者如有评论或问题，可以向 rdocters@abbeyllp.com 发送邮件。

约翰·汉森（John Hanson）是埃森哲公司（Accenture）的合伙人，主管公司北美洲定价和利润优化部门的战略业务。他之前还曾经在一家顶尖的定价软件公司做行政工作，是奥纬公司（Oliver Wyman）的合伙人。

约翰曾经参与过定价策略的制定，主要是在通信与高科技产业，有 15 年的经验。他经常针对定价问题撰写文章和发表演讲。

约翰获得了哈佛大学学士学位、乔治敦大学麦克多诺商学院工商管理硕士学位。

塞西莉亚·阮（Cecilia Nguyen）是埃森哲公司定价和利润优化部门的战略业务高级经理。在她的职业生涯中，她一直专注于定价策略和方案问题，涉及从工业制造到专业服务等多个行业。

塞西莉亚曾经参与了为数众多的定价方案执行过程，成功地提供了领先的业务流程和分析。此外，她还在几次定价技术供应商会议上作为主题发言人，通过引导埃森哲与供应商的联盟，实现了与主要供应商在定价技术领域的紧密合作。

塞西莉亚获得了特拉华大学化学学士学位。

迈克尔·巴尔齐莱（Michael Barzelay）目前是伦敦政治经济学院公共管理专业教席教授。他还参与指导管理系新设立的公共管理与治理硕士项目。

迈克尔以其在组织决策制定领域的研究而闻名，特别是大型组织如政府机构、大公司和其他机构。他的研究领域包括投标程序、大机构如何制定包含价格水平和价格结构决策在内的采购标准和优先事项。

迈克尔在华盛顿特区创建了非营利机构"转型与战略举措中心"并担任中心主任。此外，他还与人合作编辑了《治理：有关政策、制度和管理的国际期刊》，已由 Blackwell 出版社发行。

他出版的著作还包括《为未来做好准备：美国空军的战略规划》（2003年由布鲁金斯学会出版），该著作获得了"布朗洛图书奖"。

在1995年进入伦敦政治经济学院之前，迈克尔曾在哈佛大学肯尼迪政府学院担任公共政策领域的副教授。

迈克尔获得了斯坦福大学学士学位、耶鲁大学公共及私人管理学（MPPM）硕士学位和耶鲁大学政治学博士学位。

译后记

《情境定价》是一部具有开创性意义的著作。本书通过鲜活、生动的案例，向我们传达了这样一种理念：随着企业竞争环境的变化，特别是电子商务的快速发展，传统的以价目表为基础的定价方法已经不能适应新的市场现实；而新的以情境为基础的定价方法已经应运而生，并且正在带来企业定价和销售方式的重大变革。情境定价的方法突破了传统定价过程中所采用的烦琐、机械的定价程序，帮助企业建立更好的价格结构和价格水平，从而确保企业产品或服务的收益最大化，这对于所有以赢利为目标的企业而言，无疑将是一个巨大的福音。

本书的四位作者皆有在世界知名大学的学习经历，并且在企业定价的学术与实践领域颇有建树。因此他们的论述有理有据，既拥有坚实的理论基础，又结合了丰富的实践经验，使本书更有实用性与说服力。

本书涉及大量的经济学和管理学原理，还运用了数理统计等分析方法，这给本书的翻译工作提出了更高的要求。如果没有以下人员的协助，就没有这本书的问世。在此，我谨向王金金、赵欢欢、高立雅、饶灵越、李洪燕、曾晨光和吴文成表示衷心的感谢，本书的翻译也凝结着他们的心血。我还要特别鸣谢宋瑞雪和龚奕丹两位，她们广博的学识和认真的态度给我留下了深刻的印象，值得我学习。

由于译者水平有限，翻译过程中难免有不尽完善之处，敬请读者谅解。

马跃

2014年12月